勘誤表

	書名：《湊陣：有千百種實踐的可能》	
原出處	原文	更正
P113,第 7 行	我太太是臺中「閩南人」	我太太是臺中「福佬人」
P160,第 4 行	我是居住在臺北的「閩南人」	我是居住在臺北的「福佬人」
P186,第 12 行	北桃園多「閩南人」、南桃園多客家人	北桃園多「福佬人」、南桃園多客家人
P226,第 8 行	我是從南投水里嫁到美濃的「閩南人」	我是從南投水里嫁到美濃的「福佬人」
P226,第 16 行	我是來自臺北板橋的「閩南人」	我是來自臺北板橋的「福佬人」
P227,第 14 行	但也有許多「閩南人」、原住民	但也有許多「福佬人」、原住民
P230,第 19 行	我是從臺北嫁來的「閩南人」	我是從臺北嫁來的「福佬人」

有千百種實踐的可能

湊陣
ceu ciin

回應當代社會挑戰的客家身影

奧地利詩人 Peter Altenberg 有句名言：「如果我不在家，就是在咖啡館；如果我不是在咖啡館，就是在往咖啡館的路上。」話中所指的是座落於維也納的 Café Central（中央咖啡館），許多名人都曾是此處的座上賓或常客，如仍在畫家夢壯志未酬階段的希特勒、心理學家佛洛伊德、列夫・托洛茨基等，文人雅士雲集不同的思想，透過於咖啡廳的互動及交談中，互相成為成長的養分，最終形成文化並產生正向循環。臺灣日治時期的波麗路西餐廳與 1960 年代的明星咖啡館也都是文化人士聚集之處。

哈林文藝復興（Harlem Renaissance）是發生於 1920 年代美國哈林區的一場文化運動，它打破了當時的種族隔離與奴隸

楊長鎮

苗栗縣獅潭鄉客家人，推動族群主流化，支持各族群文化的傳承與發展，參與還我母語運動及原住民運動，創立臺灣圖博之友會，為西藏人權發聲。出版著作有《認識臺灣眷村：1949－2006》、《從反抗到重建：國族重構下的台灣族群運動》等。

制度，延伸為黑人人權運動，背後以非裔美國人的族群自覺為基礎，藝術家、思想家、學術研究者在此形成非裔美國人的菁英社群，許多屬於現代、知識階層的文化也於此誕生。

2001 年 6 月，客家委員會成立。猶記當年成立客家電視時，有人說客家領域無相關專才，可是我們並沒因此打退堂鼓，我們不斷推動「客家文藝復興」，辦理相關藝文活動，周而復始、經年累月地累積出一定的成績，成立電視及廣播頻道，提供發表與表演的平臺，過程中也培養了不少關心客家文化事務的人才。

如今客家委員會發展到了一個階段，我不斷思忖，如何將不同領域的工作者匯集在一起？能否提供客家人一個文化、藝術、學術、思想交流的場所，藉以共同成長及創作？ 交談本身帶有個人思維，不僅是表達想法，也能引領我們找出思考的方向。

此外，客家人正在面對語言流逝的問題。語言是溝通工具也是一套程式，它影響著我們思考的方式、價值觀、觀看世界與彼此思想的角度。只有在語言上不斷地鍛鍊、錘鍊，才能提升語言的廣度及深度，作為客家人，談論客家文藝復興時，是否更應使用客語。

有本書叫《一本食譜救語言》（*Kuharske bukve*），一位來自斯洛維尼亞的神父對語言復興有強烈的使命感，做了許多相關的工作卻鮮為人知，後來因為他將德國的食譜翻譯成斯洛維尼亞語，被教會的廚師們拿來使用，眾人才因此意識到母語能用以表達所有的想法。客語也一樣，我們使用語言在互動時創造可能性，也藉此得到更大的彈性、自由與空間。

這就是我們策劃推動「參詳·當代客家文藝沙龍」計畫的初衷。希望能創造機會，在臺灣一個小小的角落，有一群關心客家文化的人聚在一塊，不停地商量、討論，提出意見，也尋求共識，漸漸形成一個客家文藝復興的社群，進而藉由大家的力量將客家擴大，讓我們對自身文化有新的視野及想像。

最後，感謝封德屏社長及文訊雜誌社團隊的努力，讓這個計畫得以順利推動，感謝鍾永豐先生擔任總策展人，為「參詳·當代客家文藝沙龍」設計了10個不同的主題，組成了210位學者、專家、職人的強大隊伍，在音樂、戲劇、歷史、影劇、文學、美學、飲食、語言、客庄創生等面向，相互交流，一同完成整整一年共42場沙龍、6場走讀。整理成30幾萬文字、500餘張圖片的豐碩成果。希望正如這3本書的書名──《參詳》、《返生》、《湊陣》，看到30年來客家族群回應當代臺灣社會的奮鬥身影，同時也做好了準備，迎向未來的各種挑戰。

客家委員會主任委員　楊長鎮

開啟當代觀點，進行深刻思辯

鍾永豐

「參詳‧當代客家文藝沙龍」總策展人。出生於美濃菸草家族的詩人、詞人、音樂專輯製作人及文化行政工作者，現任國立臺北藝術大學主任秘書。90年代參與美濃反水庫運動，並與音樂人林生祥合作，以農民、工人、婦女及環境為題創作音樂。曾任高雄縣水利局長、嘉義縣文化局長、臺北市客委會主委及文化局長等公職。曾獲金曲獎最佳製作人、作詞人等獎。

客家委員會（以下簡稱客委會）的成立與運作，緊密聯繫於1988年底的還我母語運動。還我母語運動訴求政府解除廣電法對地方語言的排斥，賦予客語平等地位，使其能進入民主時代的公共傳播與語文教育。其時，臺灣正要迎入全球化時代，客家的文化棲地面臨更嚴峻的流失危機。首先是國內菸酒及農產品市場的逐步開放，衝擊種植菸草與葡萄等經濟作物的客家鄉鎮，快速瓦解農業家族社會。接著全島路網、有線電視、連鎖商業與網際網路的普及，嚴重侵蝕客語的日常功能。有識之士正要挽回客家在現代化過程中的壓抑與失落，更全面的後現代性挑戰紛至沓來。

2001年客委會成立後仍得按部就班地立法建制，使客家工作獲得更完整的法規支撐、更穩固的預算支持與更周延的行政協助。於是我們有了講客語的電視臺與電

臺，公共運具上的客語播放讓國人至少熟悉四縣腔，學生可以更有系統地修習客語、研究客家，社團組織者與文藝創作者得以更有計畫地推動從傳統祭儀、文化保存、社造、文創，乃至當代藝術的各類客家工作；這是 20 年來客委會與客家各界的重大成就。

若抬高眼界，我們將發現客家人對生存危機的回應，或對於自身價值的審視，常常處於當代社會的前線。以農耕為基底的客家文化面對快速開放多元的當代社會，艱辛難免，但在重視知識、教養與開創性的傳統中，培育出的客家工作者不會只是被動地自我調適，他們提出的問題意識與方法論，往往具有超越性。且不論近、現代革命風潮中的客家身影，1980 年代以來，客家人廣泛參與了臺灣的政治、社會與文化運動，餘波漫溢，漸而影響了他們在流行音樂、藝術、戲劇、建築、歷史與人文研究、語言研究與教育等方面的實踐趨向。「參詳‧當代客家文藝沙龍」之策劃，即試圖比肩客家文化的前線工作者，邀請他們回顧歷程、分析視野，分享心得。

我們沒有採取專題演講或主題研討的方式。同是客家運動參與者的主委楊長鎮不減浪漫，鼓勵我們創造隨興的氛圍，盡可能擺脫觀眾人數與宣傳效應的負擔。每一場安排，他說，都應該像是老友多年後的重聚歡敘。我因而憶起少年時期在祠堂見識的「參詳」場面：地方長老或各房代表圍坐供桌，在輕鬆的氣氛中喝著茶，就地方或宗族事務，有禮有序地交換意見、尋求共識。如此「參詳」，我們希望能前瞻性地展現這 30 年來，客家藝文工作者與組織工作者，回應當代臺灣社會的實踐與思維，同時也藉此創造多方的連結。

以下謹就每一個論壇及其召集人的擇定，簡要說明。
一、〈音樂〉——葉雲平：以前我們談論客家流行音樂，常常著重於山歌傳統與客家

文學的繼承與再創作，或這些創作如何反映客家人的情感、記憶與生活經驗，較少從流行音樂產業與市場的角度觀看客家音樂；後者其實正是目前非常多年輕輩的客家音樂工作者努力嘗試的方向。按語種分類的文化部臺灣原創流行音樂大獎(前身為行政院新聞局的母語原創音樂大獎) 是觀察客家流行音樂新秀與趨勢的重要窗口。多次參與金曲獎初、決審的樂評人葉雲平，不僅是客語類評審常客，更可貴的是，他長期追蹤歷屆得獎者的後續發展，對於客家流行音樂的類型發展與市場潛力，有近20年的觀察。

二、〈戲劇〉——鍾喬：早在1940年代，懷抱理想主義熱火的客籍青年參與了當時新興的戲劇運動。受80、90年代的工運風潮啟發，投入劇場工作的鍾喬，一方面爬梳白色恐怖檔案中的客籍文藝青年，呼應亞洲民眾劇場運動，同時關注臺北的實驗劇場運動。進入21世紀，劇場更是蓬勃，不管是劇場中的客籍工作者或是帶有客家意識的劇場創作，數量上均讓人難以忽視，客委會也投入了政策性資源，創製了幾齣精良的音樂舞臺劇。因而，通過鍾喬之召集劇場工作者與戲曲研究者，有助於回溯當代客家劇場的發展脈絡，並探討它的各種可能。

三、〈歷史〉——張維安：人類學家徐正光帶領中研院民族所及清大社人所期間，使不少年輕學者對客家研究產生興趣，張維安是最早、最優秀的一位。因有紮實的學術涵養，張老師理解客家論述中常見的中原正統論或客家中心主義，如何侷限了歷史研究的視野，同時難與其他觀點的族群研究，形成對話。張老師邀請的與談人包括了幾位非客籍但長期研究客家歷史的學者如李文良、林正慧，具有後殖民觀點的客籍學者羅烈師，以及對客家人的歷史貢獻高度肯定與期待的福佬客籍臺灣史學者戴寶村。他們梳理史料，追溯客家人在近代史中認同形成的動力來源，反省與其他族群的互動過程，我們得以坦誠檢視閩客與原客關係。

四、〈語言〉——洪馨蘭：語言傳承與教育是客家工作的重中之重，但也最容易在集體焦慮中不自覺地依賴制式的教育方法。沉浸式教學——打造全客家的語言環境，使身處其中的學子純粹以客語認識、思考、表達，真可成為終極方案嗎？實驗教育方興未艾，客家有借鏡之處嗎？人類學家洪馨蘭關注客語教育的各種現場，邀請在社區及學校等從事語言傳承工作的朋友，分享他們在受制於各種主流觀念與社會趨勢的客家聚落中，如何冷靜、務實地回到人本，與多元價值對話，琢磨出更有續航力的方法。

五、〈影劇〉——湯昇榮：沒有人比電視劇《茶金》的製作人湯昇榮更適宜召集相關專業者，幫助我們回顧客家影劇之路。這部講海陸腔客語的12集電視劇被譽為近年最成功的臺劇，不僅製作精良、考究細緻、演繹深刻，且其劇情及美術風格緊密呼應臺灣史。湯昇榮離開客家電視後投身製作公司，挑戰各種類型片，成績亮麗，然後更有準備地回來製作客家影劇。他深知光是客家不足以造就客家。對待客家，必須動用更嚴謹的專業標準；觀看客家，必須站在臺灣史甚至世界史的高度。

六、〈美學〉——張典婉：張典婉是客家美學的首席報導者。張典婉的美學目光源於簡約的客家生活風格，其如何在適應、回應當代的過程中，展現自身。張典婉為客家女性在各種美學場域的內斂身手打燈，讓她們的風采吹進當代生活。她推動客家後生寫作，讓文學為客家遊子鋪陳回鄉的路。而她所策劃的建築專業者論述，不僅從客家聚落、宗族、生產生活與地理風水的角度，更談當代建築師，如何從中提煉具有客家意義的倫理與美學。

七、〈飲食〉——古碧玲：由客家女性創立的「上下游News&Market」專注於農業、食物、環境等公共議題，是臺灣最具公信力的媒體之一。由自稱是半個客家人的古

碧玲所主編的《上下游副刊》聚集了以食物、植物及環境為寫作題材的各路好手，更是臺灣重要的作家孵化器。只要上網瀏覽「上下游」那些充滿現場感與時代感的豐富內容，令人對古碧玲召集的客家食物論壇充滿期待：客家飲食在臺灣當代飲食文化中可以有什麼樣的位置？客家料理如何能自信地代表臺菜？我們又該如何出發？

八、〈文學〉——朱宥勳：2000 年政黨輪替，在政策支持下，臺灣的國立大學系統普遍成立臺灣文學系或研究所，試圖從臺灣島上各族群的歷史經驗與平等多元的價值觀出發，重新認識、論述臺灣的文學。多達 15 個大學成立的臺文系所質量兼具地改變了臺灣的文學創作與研究；畢業於國立清大臺文所的朱宥勳是其中的代表性新秀。以他的非客家出身，召集各種文學工作者，來談論重要客籍作家及作品，後生我等或可從更廣的臺灣近、現代文學的評論角度，另眼看待前輩的文學貢獻。

九、十、〈客庄創生〉——邱靜慧・邱星崴：地方創生是社區營造的延伸，但在客家地區，不管是在高雄縣市合併後的六堆，或是在科學園區不斷擴張加上桃園升格的桃竹苗，都面臨前所未有的危機與可能。靜慧及星崴均為優秀的青壯輩地方工作者，經驗豐富，善於情勢分析與組織串聯。由他們來召集南北論壇，我們更能理解新的危機如何衝擊客家地區？若我們拒絕焦愁纏身，又需要什麼樣的轉念？

通過十位召集人、42 場論壇、33 位第一線工作者長達十個多月，前所未有的廣泛「參詳」，我們不僅努力呈現客家工作的重要面向，更重要的是開展當代觀點，進而深刻思辯。經過謄稿、精鍊與加注，現在這些論壇集結為三大冊。能為有志於客家的組織者、創作者、研究者與行政工作者提供多方的參考與指南，正是客委會與我們的希冀。

——策展人　

湊陣：有千百種實踐的可能

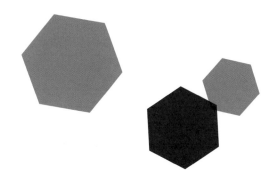

當代客家美學

陪著參詳團隊走完一年的座談，我負責六場客家當代美學沙龍，回首每場來賓都如此精彩、令人驚豔，原來大家都是客家人。過去客家人在社會洪流中被淹沒，一度被稱為隱形人，自從客家「還我母語運動」、客家委員會成立，公部門及這30年擾動，讓隱形客家人從各角落勇敢現身。

童年記憶中的客家村，處處是美好的記憶，用禾桿綁著魚，用月桃葉包著三層肉回家，家裡的筷筒是苗栗窯的陶器，大缸是父母暑日釀酒的必備工具。小學上課時，背著母親手做的藍布書包，上面繡了幾朵院子裡的波斯菊，上學的路上，走過的風景都是三合院、土磚老屋，每位同學的媽媽平日下田耕地、上山採茶，年節打粄包粽，個個都有魔法。去同學家玩，她輕輕一拉竹籃從梁上垂下，我們高興地分食一片爆米香。採茶伯母的茶簍，被汗水吞噬的花布手袖，都陪著我從童年走過，在都市求學、工作、成家，已是都會人。

長期工作、玩耍中認識了不同村落的朋友，有人堅持手作傳統，有人用現代藝術呈現理念，不同材質異想背後有個夢。不論懷舊或是時尚，從手作到守護家園老宅賦與新生，漆器、紙藝、陶藝、織布工法再現，多媒材藝術家，藝術季策展人，收藏家，食器和創意料理廚師，建築師的當代客家建築思路。

「當代美學沙龍」依據主題發想、碰撞，完成六場交錯對談，可惜的是許多花東地區，南部地區藝術家沒有被邀請參與與談，如果再來六場多好，相信更精彩。客家當代藝術沙龍只是前菜，期待下一輪沙龍。

召集人 張典婉

從傳統工藝到藝術的花園

時　　間：2021 年 10 月 30 日（六）14:00 至 16:00
地　　點：左轉有書（臺北市中正區鎮江街 3-1 號）
召 集 人：
　　　　　張 典 婉／資深媒體人
與 談 人：
　　　　　張 秀 雲／水妹手作・客家紙工作室負責人
　　　　　彭 弘 智／多媒材視覺藝術家
　　　　　鄧 淑 慧／竹南蛇窯藝術總監
　　　　　羅 文 祥／O2MA 天然漆畫工作室主持人
記錄整理：張簡敏希
攝　　影：汪 正 翔

張典婉：先介紹一下，「竹南蛇
窯」的淑慧；大湖「水妹手作‧客
家紙工作室」的秀雲；羅文祥是石
岡彩繪師傅——劉沛第四代的傳
人，夫妻倆在苗栗三義教天然漆的
漆畫；彭弘智對客家人來說比較陌
生，我看過他的錄像多媒材的作
品。先自我介紹一輪，接著從傳統
的角度出發談談當代的藝術性。

**蠢蠢欲動的創作魂，牽動陶瓷
歷史與文化**

鄧淑慧：我一直在窯廠裡團團轉，
每天都在處理土、陶、燒窯、接待
客人。其實平常主要是做臺灣的陶
瓷史跟陶瓷文化的研究。最近在銅
鑼的臺灣客家文化館，舉辦「頭份
百年古窯特展」，近20年的研究跟
追蹤，最終將研究成果做成特展。

特展包含窯址研究、文物蒐集和工
藝展現，呈現保留的工藝如何復
興，再將工藝變成新生活的文創商

｜
張
典
婉
｜

資深媒體人。

品，根據調查，頭份斗煥坪的這兩個古窯已有100多年的歷史，是客家人開的陶瓷廠中，能找到的最早窯址。本來認為自己應該是藝術家，因為讀過東海美術系，雖後來沒有畢業，可是心裡創作的種子總蠢蠢欲動，成為情感的抒發，抑或說是內在面對自我的狀態，所以做文史研究、陶瓷文化推展時，跟做創作的狀態是不同的。享受創作的狀態，但又不滿於自己的創作，因為只能利用空暇稍稍滿足創作慾。因為喜歡貓的個性與狀態，在最新的創作中透過人物跟貓的結合，從人體，到貓擬，再到貓的狀態來呈現我的狀態。

先生來自傳統有工藝基底的陶瓷家族，祖父開窯廠，搬來竹南後，他算第二代。臺灣陶瓷產業風雨飄搖，非常沒落，嫁進去時簡直就是在最低谷。之後開始往文化資

百年古窯特展，2021年，頭份百年古窯特展，由臺灣陶文化協會舉辦。（照片提供／客家委員會）

2017年，鄧淑慧作品
〈靜待時間的輪轉〉。（照片提供／鄧淑慧）

產與文化經營理念的方向轉型，20幾年來的艱辛歷程。

張典婉：我是苗栗斗煥坪人，要不是淑慧，我都不知道家鄉有這個窯廠。接下來聽秀雲分享。

增添色彩，源於自然的靈感

張秀雲：我的工作室叫「水妹手作」，「Saymy」是我婆婆的名字。回苗栗獅潭做紙是因為獅潭村史博物館，發現原來以前獅潭做紙產業很興盛。早期在龍潭社區馮輝岳老師的平房做牆壁彩繪，也曾跟學校合作在巷口做彩繪。那附近全是草莓田，這些孩子都是草莓養大的，這底下紅紅的是草莓，是孩子自己貼出來的。

張秀雲

水妹手作‧客家紙工作室負責人。1992年在獅潭鄉與村民發起重塑當地失落的粗紙產業，也致力於記錄保存、推廣客家傳統的做紙文化，分享簡樸自然的客家生活與在地故事。

我們的紙跟埔里紙廠有做區隔，埔里紙廠製紙很專業，而我們的無法寫字，不過大自然給我很大的啟發。像月桃做粗紙燈。用套印的模式做粗紙討個平安，看起來蠻俗氣的，但這是我們生活的方式。若問我是什麼藝術家？其實我覺得我不是，只是隨著四季做紙，這樣的生活很快樂。

羅文祥：我現在是專業的天然漆藝術工作者。其實過去20年都在修國家古蹟。外曾祖父是劉沛，是臺中石岡講饒平腔的客家人。外曾祖父的彩繪事業從明治40年到民國60年，60多年間，他跟我外公、舅舅們完成了2,000多間的民宅與寺廟的彩繪。原本想當藝術家，但九二一大地震後，經過快20年的田調，發現這2,000多間遺留下來不到40間，同時也因為我是家族中唯一美術系畢業的。當時大約27歲了才去工地跟我舅舅學，如何從一個彩繪的小徒弟慢慢變成畫師。

羅文祥

東海大學美術系碩專班。O2MA天然漆畫工作室主持人，漆畫家，彩繪大師劉沛曾外孫。曾為國定古蹟馬興陳宅彩繪修復師兼主持人、縣定古蹟姜氏家廟門神彩繪仿繪畫師。曾於近年舉辦「2020四季漆紛」、「2021漆霞舞藝」聯展等。

在僅剩的40間古蹟中，最有名的是，臺中霧峰林家頂厝的景薰樓一直到下厝的宮保第與二房厝，目前都還有保留下來，大概是1924年到1931年的作品。此外臺中市目前還保留著的古蹟有后里的張天機、清水的黃宅，及大甲的梁宅。2006年開始做第一間古蹟修復，全都用古法，地仗是用豬血灰，油漆、彩繪都是我親自上去做的。較大件的作品是國定古蹟馬興陳宅，2008年接到這個案子，占地大約有三、四甲，共108個房間。做了很久還要寫報告書，所以做完這個古蹟後開始萌生轉行的想法。

經常在講「油漆」字，實際上可能都有點誤用。臺灣幾千間油漆店，但買不到一滴天然的油或漆，全都在賣化學塗料，天然的漆與油要透過匠師去做出來的。

「漆」，為漆樹在割取汁液時的象形。天然漆的製作與古代農業的晴耕雨讀很像，春耘時我們做漆器打底，濕度高，漆很容易乾燥，但色彩不漂亮。夏季高溫高濕，是做天然漆彩色塗裝最好的時機，約攝氏25-30度、相對濕度70%-80%。秋收時作品也完成了，而冬天低溫，濕度也不夠，這時間不做漆器。每一件天然漆，都需要一整年才能完成，這也是天然漆器、漆畫如此昂貴的原因。

我曾思考作品能否有實用性？於是做了「樹」，一個看起來平白無奇的茶盤，但整整耗費了兩年，光打底就一年，使用日本的正堅地工法，34道工序，自木胎用生漆固胎再包棉麻布，然後在上面做灰，完成後才開始做塗裝。創作概念以抽象寫意作為表現形式。天然漆在厚塗薄抹後，乾燥的過程會互相牽引

羅文祥漆藝畫作品〈福如〉。（照片提供／羅文祥）

產生皺摺，這就是自動技法，再透過水砂紙凸顯出一些特別的肌理。

天然漆有個很神祕的特色叫回色，現在顏色可能比較灰暗，但一、兩年後會變得很鮮豔，好好保存的話4、500年後才會壞掉。而化學塗料則會變色，甚至會龜裂。

張典婉：下一位是彭弘智，他與前三位不同，因為他在城市中長大，之後又到國外讀書。那接下來就交給彭弘智。

從藝術中反思，與狗「面對面」

彭弘智：我們家是楊梅客家人，但我沒有在楊梅長大，從曾祖父與祖父那一代，日治時代拓荒時就搬到花蓮。印象中要坐金馬號，長途跋涉去阿公家待兩個月，只有那時會被客家話環繞，聽得懂，但沒有機會使用。大概幼稚園時：「我要當藝術家」。一路念美術班，師大美術系畢業後出國念書，在舊金山藝術學院美術碩士畢業，在舊金山念完書後才覺得自己是個藝術家了。

彭弘智

多媒材視覺藝術家，國立臺灣師範大學美術系畢業，舊金山藝術學院美術碩士。專精於多種媒材的使用，如裝置、錄像、繪畫及雕塑等。自1997年起於美國、歐洲及臺灣舉辦多次個展，其中「Beware of GOD ──彭弘智個展」更獲得了第五屆台新藝術獎、年度視覺藝術獎。

〈面對面〉是我2001年的作品，用玻璃纖維製作狗的雕塑，再在雕塑中加上錄像，上面會有一個面罩，有螢幕在播放狗的日常生活，將攝影機裝在狗身上從牠的視角拍攝。在這個作品中觀眾必須要跟雕塑互動，也成為雕塑的一部分，加在一起才成為完整的一件作品。我跟狗特別有緣，牠們常會跑來找我。這個作品最近被臺北市立美術館收藏了。

我有一隻狗叫Yuki，一開始是我室友的，後來變成我的，美國紐約的那十年牠就跟著我，一同創作了一系列作品，共有12個題目。我讓牠寫宗教經文，牠其實知道自己在創作，每次寫完字都會看我一下，好像在問：「這樣可以嗎？」
因為對宗教很有興趣，發現可蘭經裡有一模一樣的十誡，讓狗在十字架的左邊寫希伯來文，右邊寫可蘭經的英文翻譯。我覺得事實上它們的來源一樣。講述它們的不同點，與理念中相同的部分。

Yuki寫的宗教經文是狗食做的，一開始想讓食物排成文字被狗消化掉，因為文字是一個文明學問，經過錄影倒轉後，又再吐回去，倒轉與文字又產生呼應，dog倒過來剛好是god。不是所有狗都可以，要靈性、悟性特別高的狗。

另一個作品是小丹尼，用3,000多隻玩具狗來做成一隻大狗，當有人接近時，無數隻小狗會同時狂叫，強調重複性與大量製造性。當時我在想臺灣人認同的問題，這種玩具以前是日本在做，後來由臺灣製造，當時臺灣的製造業很強，之後又從臺灣轉到中國，以此代表一個印象。這麼大的作品我自己沒辦法，是奧地利人幫我，所以取名made in Austria。現在由荷蘭機構典藏。

張典婉：總策展人永豐以前當過臺北市客委會主委，也當過文化局局長，聽完這些永豐是否想分享一下？

鍾永豐：這次很榮幸能跟文訊合作並得到客委會的支持。也很希望這麼多不同的專業工作者，相互之間能夠激出火花。

張典婉：秀雲帶了很多的作品，請介紹一下。

隨時間轉變的絲瓜與歷史

張秀雲：在深究獅潭製紙產業後才
知道臺灣用竹子做紙。和社區的人
一起腦力激盪做出來的，像張月桃
做出來的紙很適合寫經詩。而這張
是用野薑花的莖，上頭的皺摺是被
九降風吹出來。曬紙，曬的是絲瓜
紙，絲瓜做出來的紙很翠綠，但因
為天然，經過兩年顏色慢慢會轉
淡。也可以用紙漿做出小東西，如
這個臺灣黑熊背著南庄郵便局的郵
差袋。

張秀雲作品〈藍衫〉。(照片提供／張秀雲)

我們的紙主要為祭祀用紙。台三線從基隆到阿里山都有做紙的歷史，但沒有人推
廣。以前紙價格好，所以很多人在梅山做紙，到新竹再到獅潭。希望有更多的資源
去提倡客家人的文化，客家紙與中國、日本，抑或與工業製紙是不同的。前兩年看
日本人做紙，手工製紙已列為世界遺產。反觀臺灣，雖然長春棉紙有紙博物館，但
對粗紙這部分很陌生。

鍾永豐：說一個手作紙與客家的關聯，小時候在美濃不是說衛生紙，都是說粗紙。
後來才知道原來與美濃早期做紙的歷史有關。過去在嘉義六年半，嘉義山區部分的
社區開始在做手作紙，但都沒有像秀雲這樣，將工藝與藝術融合到這樣的水準。

張秀雲：以前會用馬糞紙來當衛生紙，那是臺灣做紙的一個歷程。糖是臺灣三寶之一，以甘蔗製作過程中會產生甘蔗渣。當時日本人就想是不是可以把甘蔗渣加入紙漿。研究計畫從 1909 年開始，由三菱株式會社在南投竹山設立研究室，一直到 1920 年都還沒研究出來等於宣告失敗，林圯埔事件就是這樣發生的。一開始用甘蔗渣加竹子做紙，當時叫粗紙，就是以前的衛生紙。埔里紙廠是在日本人來後，開始採用大量的機械做紙漿再出口。進而增加山林需求、農業生產，多了一個經濟生活的條件。

張典婉：記得秀雲曾分享之前去採訪時，做紙的紙寮旁還有伯公是嗎？

張秀雲：做紙伯公還有很多，祂們都在紙寮旁。就這幾年在獅潭有一、兩個被凸顯出來。人家說黃南球做紙，跟一般台三線做紙的方式不同，因為是企業家，以大量生產的方式做紙。黃南球的紙糊兩年前被怪手弄掉了，沒有力量去保護它蠻遺憾的。

張典婉：說到紙糊被人弄掉，這幾年來文資保存是很重要的一件事。彩雲最近也在寫劉沛的文資紀錄，也跟大家分享一下。

徐彩雲：最近採訪石岡的萬安宮，以修舊如舊方式整修。不是以文資保存的計畫，而是以藝師的方式。印象最深刻是大舅舅劉昌洲司阜說因為家裡有養貓，當時說想畫貓，阿公劉沛表示：「感覺上不太好」，但也沒有阻止。能在萬安宮看到家族三代人的落款，或是聽到他們從小跟著劉沛司阜的記憶，心裡很感動。再加上昌武司阜、昌熾司阜、昌洲司阜，三位的兄弟情也讓我非常感動。

張典婉：我曾與劉沛司阜的後代，即文祥的表哥——劉醇壁老師，跟著姚其中老師

去看老古蹟。竹南慈裕宮我去了許多次，是直到姚其中老師說：「你看上面的貓是劉沛家的貓」，我才知道有貓，且很多廟與祠堂都有他們家的貓，劉醇璧老師說貓雖然去世了，但一輩子都留在慈裕宮。文祥可以聊聊怎麼在家族中學習傳統技藝，然後轉到新領域的過程？

豬血要不要加鹽？古法的堅持與革新

羅文祥：因為我是學院派出生的，想當藝術家，要重新學習一個新東西，尤其是到陌生工地跟著舅舅爬上爬下，放下所有其他想法跟著學。舅舅有時候會介紹我是大學生，然後廟的主委就說：「大學生有什麼了不起的？還不是得來我這邊做工」，就是給我下馬威。我想學煮桐油，但舅舅其實不想教，認為現在都用化學塗料，學古法幹嘛？我說學了有天要用在古蹟上，果然在 2005 年時接觸到一間古蹟，也真的讓我使用了古法。那間古蹟的規劃人——林志成建築師，很認同用古法恢復古蹟，所以案子都會互相合作。這當中會有一些革新，如竹架不好用，尤其是受潮後會裂開，我曾從上面掉下來，在半空中被我舅舅接住。

學習古法的過程很簡單，但之後怎麼用才是困難的。古法有些很血腥，做補土要清晨去屠宰場等殺豬。當時舅舅讓我自己去，他只有教我怎麼做。第一次不曉得，做豬血糕他在旁邊就問要不要加鹽？我也不知道要不要加，就說：「好啦！那你給我一點」結果舅舅說血加了鹽就不能用了。其實不可否認現在的古蹟99%都是用化學塗料在做。要像林志成建築師這樣有堅持與理想，報告書裡才會寫一定要用豬血灰跟桐油彩。

瓦磚，醞釀20年的追尋

鄧淑慧：我的公公林添福，家傳做陶，可整個家族裡只有他一人做陶。我被他的工藝還有職人態度所吸引，一開始跟國家文化基金會申請職人的研究，把他的工藝做成影像。後來因為苗栗縣政府把這些古窯拆了，我就把苗栗的古窯研究變成全臺灣的古窯研究。我想建立臺灣的陶瓷文化史觀，臺灣做陶其實已經7,000多年了。2001年客委會剛成立時請我寫客家陶，我選了「瓦磚」。瓦、磚、跟客家人生活息息相關。直到今年做了特展，可

鄧淑慧

國立清華大學社會人類學研究所碩士。現任「竹南蛇窯」藝術總監、臺灣陶文化協會理事長、大地原創有限公司負責人。曾任新竹青草湖社區大學、苗栗社大、玄奘學院陶藝老師、國立彰化師範大學通識教育中心客座講師等。

以肯定的說這是客家人最早的陶瓷窯廠，從一個工藝的追尋到文化的論述，花了20年才做一個特展。

臺灣應該要有自己飲茶的文化，經過五、六年的醞釀跟準備做了「臺灣國際茶碗節」，有18個國家來參加。從傳統工藝的追尋到生活文化美學的建構，然後重新論述屬於自身的文化。陶藝家很多也都喜歡做茶碗，很多人買茶碗只是純粹欣賞，或是因為對日本茶道非常仰慕，日本茶道有其文化跟精神，但並不適合臺灣。

把臺灣茶碗茶席分成四類：大碗分茶法、沁涼碗茶法、龍罐奉茶法和單碗奉茶法，

將客家奉茶的精神推廣出來。趁這時把累積的文化實力推展到全世界。如果說要做臺灣茶碗節，不會有很多人來，但當變成國際茶碗節，外國人仰慕而來時，會有很多人要來參加。為了推廣文化，辦了很多大型展覽。今年頭份百年古窯，是我們文化的底蘊、工藝的智慧，看看這些老缸怎麼重回到我們現在的生活裡。

張典婉：我最早是認識林添福老先生。日本時代在大甲東，是最早一批由日本師傅來臺灣教福州師做陶瓷的陶場，有空可以去竹南蛇窯參觀。彭弘智有件作品叫落難神明記，請彭弘智自己來分享。

自身難保，被拯救的神仙們

彭弘智：很多的靈感發想還是從臺灣得到養分。以前有「大家樂」，大家會去問神明幸運數字，朋友告訴我，有時神明沒有給到好的中獎號碼，就會被處罰，被丟掉、斷手斷頭甚至被燒掉。當時有做其他跟狗相關的作品，讓混種狗穿上純種狗的衣服，然後去流浪狗中心拍了一個作品。這讓我想到神明從天上下來被丟到地上，有時可能還比流浪狗的處境更糟，我對此感觸很深，所以就開始做研究，剛好台三線上有一位先生，他說每天一開門就有一排神像在眼前，他專門當收容神像。第一次去看，視覺上相當震驚，到處都是神像排得滿滿的，我說我想做作品跟他借了一堆，後來得了台新獎也有被收藏。

另外，〈大洪水──諾亞方舟計劃〉是臺北藝術雙年展的一個委託作品。一開始沒有東西，把空間當成工作室慢慢將它做出來，把這當一個小工廠，有30臺機器每天產生一些零件，然後把它拼在一起變成作品。那時對東西被旋轉很有興趣，所有東西經過旋轉後，感覺可以穿透到另一個空間，像黑洞那樣。每個人、每段時間看到的

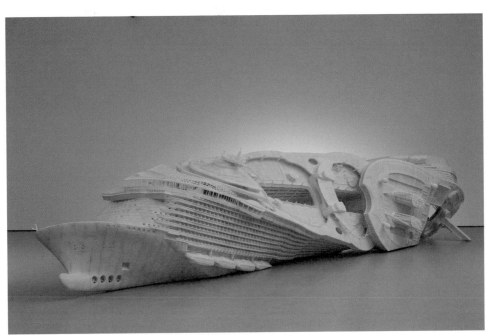

彭弘智作品〈大洪水——諾亞方舟計劃〉。（照片提供／彭弘智）

都不一樣，工作狀態變成展覽的方式。這個做了四個月，剛好到最後一天做完。後來被澳洲雪梨的白兔美術館收藏。

一掃而空，風雨中失落的磚瓦

鍾永豐：淑慧分享做客家陶這方面的研究。南部的瓦最早是黑瓦，但因為後來客家的市場小，河洛人的瓦很多又很便宜。民國60年時，颱風掃過後屋頂全都變成紅瓦。南部客家開始重視古蹟整修，問題是找不到黑瓦，也缺少這方面的研究。黑瓦跟藍衫是客家人的顏色。古蹟的業務屬於文化部，文化部也支持傳統工藝得以恢

復，若客委會能與文化部合作，這會是很重要的工作。客家古蹟整修不僅包括瓦還有磚，磚的尺寸和顏色其實也不同，所以要有整體性的規劃。

鄧淑慧：講到黑瓦，它比較特別，瓦燒一燒要在窯的屋頂上加水，水火不容，讓它產生大量的碳素與煙，再把瓦燻黑。去閩江做研究時，剛好閩江邊就有這個形式的窯，以前清朝時期的地圖窯畫起來尖尖的，現在的窯比較像烏龜形或包子形。有人說，因為閩南人一開始從泉州來，泉州被阿拉伯統治過，所以它燒磚跟燒瓦的技術，是將它燒成紅的。客家人早期燒磚與瓦的技術是從北方來的，他們是燒黑磚，燒出來的磚瓦會用水加深顏色，後段無法得到較深入的研究，只是窯的形式和種類我有把它追蹤出來。

鄧淑慧，《瓦、磚、砲——苗栗陶窯文化之追尋》，2007年，新北：行政院客家委員會臺灣客家文化中心籌備處（現為客家委員會客家文化發展中心）。

張典婉：客家公共傳播基金會的懿倫，他們做了類似百工百業的紀錄片，今年得了四個獎。也請他分享一下。

記錄傳統工藝的身影

施懿倫：去年也有跟秀雲姊學做紙，本來想做小張的夾在記事本裡，可因為費工，大家去做都說很累，但做回來的紙很漂亮。客家有很多產業的老師傅們一輩子就做這件事，卻沒人可以接手，雖覺得可惜，但這些東西說實話沒怎賺錢。去年拍的九支影片，大多拍客家庄會看到的東西，可能看過但沒注意到，如米粉架。師傅要去後山的竹林中砍竹子回來，然後要洗、要剖、要削，接著才能編。印象比較深刻的是去拍閹雞，那個師傅還要先跟雞打招呼，為方便拍攝，選擇在附近伯公廟的空地，把雞載去時比較熱，我們去拍又隔了一、兩週，雞有比較老，師傅說怕雞會暈倒。每個步驟都有拍，本來擔心會很血腥，結果一滴血都沒有。在拍的時候我認真研究每隻雞的表情，好有戲！很適合上旁白。

張典婉：可以透過影片去看客家的老手工藝。歡喜扮戲團的彭雅玲導演，她最近在三坑也在拍口述歷史的部分，請雅玲來分享。

彭雅玲：兩、三年前到桃園龍潭三坑，一個只有705戶的小村子做劇場，一開始不歡迎我，直到現在都還不習慣有一個藝術家在他們的村子裡，雖然他們已經當我是村民的一部分。我第一天去就說希望大家可以練習唱客家山歌，因為有一個20年的客家山歌班，可是從來都只唱流行歌，覺得我在為難他們就拒絕了。

張典婉：小斯也是以前客委會的同事，現在在文創產業，也請小斯分享一下。

溫金紅：題目是從傳統工藝到藝術花園，但我們在談什麼呢？像文祥老師提，可能礙於要寫報告而放棄古蹟修繕，多可惜！要談解決方法。如何才有經濟價值，是很

重要的下一步。現場有很多長官或不同的專業人士,透過客家美學沙龍,除了分享、欣賞還有學習外,是不是可以跟現在的市場、環境及潮流做接軌?藝術、文化、傳統工藝或技藝才有辦法傳承。我也是來學習,思考如何找到端點去做整合或是延續。

延伸
閱讀

臺灣國際茶碗節

由臺灣陶文化協會主辦,鄧淑慧理事長策展之第一屆臺灣國際茶碗節,於2019年11月1日至17日在苗栗縣竹南鎮苗北藝文中心開展,邀請來自18個國家、38位陶藝家,與國內35名陶藝名家,共同聯展344件手作陶製茶碗。除茶碗展覽、裝置藝術外,亦有臺灣特色茶碗茶席展演、體驗、專題講座、陶藝技法示範、DIY工作坊、文創市集等50場相關活動,與國際接軌交流。本屆以「一即一切」為活動精神,推廣臺灣陶藝、茶藝文化。(照片提供/臺灣陶文化協會)

青春老屋簷——
客庄再生能量啟動

時　　間：2021 年 12 月 4 日（六）14:00 至 16:00
地　　點：左轉有書（臺北市中正區鎮江街 3-1 號）
召 集 人：
　　　　　張 典 婉／資深媒體人
主 持 人：
　　　　　徐 彩 雲／媒體工作者
與 談 人：
　　　　　古 正 君／源古本舖第五代傳人
　　　　　姚 其 中／臺灣生態旅遊協會古蹟課程講師
　　　　　陳 勤 忠／建築公坊設計事務所負責人
　　　　　羅 仕 龍／羅屋書院工作室創辦人
記錄整理：陳 心 怡
攝　　影：汪 正 翔

張典婉：介紹本場沙龍講師，姚其中被稱為傳教士，只要覺得屋子漂亮，就會想辦法用影像記錄下來，研究老師傅如何蓋屋。羅仕龍在關西，古正君在大溪，他們告訴我們如何活化街屋。並邀請陳勤忠建築師分享，不僅做古蹟，也做民宿。

徐彩雲：「青春老屋簷」以及「客家再生能量」的啟動，分為兩個部分：老屋以及轉身變化。姚其中老師到處找老屋搶救，做文資典藏；羅仕龍與古正君古姊是整修自己的屋子，將其保留下來成為古蹟。陳勤忠以建築師專業來思考，如今的建築是否能用過去的建築形式來呈現。

徐彩雲

國立臺灣藝術大學廣電系畢業，現任講客廣播電臺《 个便當風景》節目主持人、網路媒體《上下游副刊》專欄作家。曾任中視客語新聞和氣象主播、中央電臺客語節目主持人、捷運及銀行等客語配音、自由撰稿人。（照片提供／徐彩雲）

橫倒的石碑，搶救三官大帝

姚其中：那天看到典婉臉書資訊，照片上寫了要破土興建的時間，我就想趕快去看看。在臉書分享後，徐逸鴻跟陳世仁就說要一起去，組成小組，11點到南庄田美永和宮。它在中港溪畔，毫不起眼，匾額又老又醜，沒把握它是否值得保存。去了才知道這廟主祀三官大帝，是中國已不流行的古老信仰，臺灣也只有桃竹苗客庄仍在祭拜。第一個念頭是先留下影像。

一個石碑倒在角落，記載著廟建於
1897年。帶我們走訪的是黃先生，
永和宮創建以來，都是黃姓家族在
護持。日人統治臺灣後第三年，黃
家重修。戰後百廢待舉民生凋敝，
1948年竟再次重修永和宮，匾額是
白崇禧將軍送的。民國40年完工，
也還是動盪年代，戰後很少有蓋廟
的例子，因為都吃不飽了。落款竟
是伊斯蘭教徒白崇禧，怎會修廟獻
匾？我們認為這有保存的加分作
用，本來只是要拍照，沒有太多勝
算，但意外搶救成功。

姚其中

文化大學英文系畢業，臺灣生態旅遊協會古蹟課程講師。
1989年參與成立臺北市古風史蹟協會，長期致力於臺灣
古蹟教學，並且參與搶救楊梅道東堂、龍潭翁新統大屋、
南庄永和宮、水上善德堂等文化資產。

徐彩雲：姚其中老師說的照片是我先生黎振君拍的，目前有些地方修好了，但像剪
黏還沒處理好。黃家，也就是黃祈英家族的後代，從竹南到中港溪流域，在此立足
定居，至於白崇禧將軍為何來寫匾額？因為他常來這打獵，才會認識廟方的黃姓家
族，當時獅頭山的勸化堂還沒蓋好，所以一般道教信仰會出現的扶鸞扶乩，會在永
和宮進行，直到勸化堂蓋好才移過去。接下來跟大家介紹羅仕龍，他對整理老屋有
很深的感受，我本身住在客家夥房（三合院），有很多鄰居，全是親戚，大家來來去
去，聽聽羅屋書院，分享他們如何經營文化創意產業的心得。

現代、自然、文化，老屋的永續經營

羅仕龍：我在羅屋書院出生，三歲全家搬到臺北，十幾年前想回到家鄉，當時只是想要把三合院留下。八年前遇上一個機緣，就辭掉臺北工作，回鄉經營老屋。關西有很多親友，在回鄉的路上一起努力。製作羅屋的 Logo，象徵：羅氏家族。「屋」字在客語裡，不只是房子，還有家族之意。透過「羅屋」，並且放置在三合院稻埕的大門上，包含了舊有的意義，期望能做出以傳統為基礎的創新作為。疫情前，書院有三成外國人，曾有一個荷蘭客人，在臺灣待了 30 天，後來傳來

羅仕龍

羅屋書院工作室創辦人。青年時期辭去臺北工作，返鄉照顧家族老屋。初衷是希望家族的老屋能永續保存。與在地的夥伴一起成立「關西鎮藝術小鎮發展協會」，並擔任創會理事長，一同活化老街、舉辦古橋音樂會、整修古道、結合周邊社區的整合、推展輕旅行等等各式各樣的活動。

一張刺青的照片，手前臂上刺上三個代表臺灣的圖案，分別是：101 大樓、高山與羅屋書院。將上述三個圖案刺青在手上，我認為分別代表「現代」、「自然」與「文化」，透過這些特色讓臺灣被看見。有很多老屋比羅屋書院漂亮，但在羅屋書院有一種生活感，有人的互動、人的溫度。這樣的體驗，讓他願意將羅屋書院刺青在身上。我相信大家到國外也想要體驗古堡等當地的特色，對外國人來說，羅屋書院三合院或許就是類似的體驗與感受。

關於老屋，最擔心的是永續經營。我們是做老屋活化，是平臺管理，老屋都有其深

刻的背景故事，文化底蘊與價值可以被詮釋發揚。日本金澤市有運行一套老屋的永續管理模式，建議我們也可以參考，建立出一套我們臺灣本土的老屋經營管理模式。為了活化老屋，我們與眾多創作團體合作，希望可以透過音樂、表演藝術，讓羅屋的建築、土地以及客家之美，被大家看見。

羅屋書院的Logo。（照片提供／羅仕龍）

我在經營羅屋書院，不只經營老屋本身，還有與周邊整合。因此當我剛返鄉時，是先參與距離羅屋書院一公里的石店子老街修復和活化，與在地的夥伴一同辦理古橋音樂會等等。這幾年繼續一起與在地的夥伴們，如：關西鄉土文化協會、各個社區發展協會做古道修繕，像是渡南古道等。透過周邊環境建構整個聚落型態，串聯地方、整合力量，永續保存老屋才有可能。另外，我們也與多方合作，邀請在地孩子來老屋唱歌、做菜包。針對不同年齡層，提供不同服務內容。讓孩子在三合院創造愉快的遊戲經驗，不同於對大人所說明的琴、棋、書、畫、忠、孝、廉、節等內容，依據不同的客群，給予不同的服務內容。

徐彩雲：非常感謝仕龍的分享，也很感謝羅屋書院的鄉親，保留「上南片」人的味道與地景地貌，是串聯老房子最好的景象。我相信對於自己家裡的觀感要求，不只是房子修得好就好，附近景觀也要舒服。對現在的孩子來說，都在高樓成長，很少有泥土香味，大家可以試著想像一下，老屋、土地、周邊環境空間與人的關係。接

下來是源古本舖第五代傳人古正君古姊，她是廣告人出身，對於街屋的老家又有哪些保留的想法，串聯了很多老人家，每一位老寶貝都開心地加入其中。

回歸初心，凝聚一家人的空間

古正君：我來自大溪，但我回到大溪的動機跟大家不同，我不喜歡老房子。在這世居五代，新埔客家人，祖先做糕餅，跟著戲班子在大廟口做糖果，靠節慶維生。因為大溪很熱鬧，就定居下來開糕餅舖。當年生意很好，有三個大灶，其中兩個做糕餅，還有一個，青春期的我要負責起火，燒水洗澡。我對居住環境很不滿，因此發誓要出走。來臺北修讀大眾傳播，後來在廣告公司上班，一直都在時尚業。又後來去移民公司上班，一年有半數時

古正君

源古本舖第五代傳人，昔為知名餅舖「古裕發商行」。承接父親對於古宅的情感，以其推崇的簡樸美學修繕古宅，修復過程中以建築及藝術跨域合作，活化古宅、創生老屋新風采。建構文化實驗平臺是古家修復活化的精神，期待凝聚公民力量來保存珍貴且不可逆的文化資產。

間飛來飛去，完全遺忘家鄉。有次在日亞航上看到雜誌介紹大溪，如果夠幸運，可以來這空間，那就是我的老家！外國人這麼珍惜，於是我抽空回去。但只看到拱門很漂亮，其他結構都快倒了。當下百感交集，覺得日本人太浪漫。之後又過了三、四年，廣告公司一群好友到上海，那時風行城市行銷，問我要不要去度假順便做案子，我就去了。正好講臺灣的社造案例，影片一看，又是我家！因為這工作團隊就住在我們家，我又震撼了。沒為自己的家貢獻過，還遺棄它，所以，我決定回大溪。

從老屋我重新認識家族史，大溪不是客庄，他們如何辛苦融入又不違反客家精神。地板也很精彩，因為阿太公很好客，接待了來自關西、龍潭等地來做生意的客家人，他總是用炒米粉招待客家鄉親，才知道這大廳地板乘載過多少來往。到底要如何定位才不會消費老祖先？我從「人的聚集處」著手，從老祖先經歷日治時代，到我的年代，這裡是人的集散中心。活動不是為了彰顯活動本身，而是透過活動聚集人，產生家與這空間的感覺。所以私廚叫做「回來吃飯」，就是來家裡吃飯。

上週，做了一場不老職人時尚秀，老人家裝扮自己的空間，阿嬤褲與阿曼尼有異曲同工之妙，有很多幾何圖形剪裁。再生能量的啟動，不只是老房子，而是因為不同人在這，包容力注入，生命力特別強。現在有第六代的駐村藝術家，年輕人如果找不到平臺，非常歡迎來找我。辦過布袋戲、現代舞、歌劇、大提琴鋼琴演奏等，包括客家女聲演出、小劇場，可以看見客家老屋的包容力這麼大。

2021 年，源古本舖舉辦不老職人時尚秀。（照片提供／源古本舖；攝影／蕭明發）

八年前，開始做「不老職人講堂」。剛開始老人家最反對我回家，「奇怪，你辦移民、做廣告都好好的，回來，就是吹牛！」他們看到我要做這些事，一直碎唸，但同時他們一直展示當年的榮光與驕傲。所以我想，既然你要唸，我就拿麥克風讓你唸。他們拿到麥克風，看到這麼多人來看，突然開始誇獎我，「謝謝古正君給我一個平臺！」

因為陸續有長輩離開，我更持續做「不老職人講堂」。要逗他們開心、組裝他們的能量、要把他們變成紙本，讓子孫知道這些歷史有多麼珍貴。本來還在策劃電影，但來不及拍，阿公就過世了。

徐彩雲：「不老職人講堂」的意義除了人跟人之間的連結之外，最重要的就是創造老人家的價值感，並創造一個舞臺讓他們表現自己，這件事於我心有戚戚焉，因為我也住在老屋，很多親戚跟我說：「我們都出不去，為什麼你要回來？」我不只回來，還在這裡生了五個小孩，別人都覺得我們很奇怪，也不曉得我跟我老公到底在做什麼？但有很多現在看不到的情感會一直留到下一代，甚至下下一代。接下來要介紹陳勤忠建築師，是南部六堆代表，他參與梁實秋故居修復、搶救俞大維故居，典婉形容他是硬頸，怎樣硬頸？有關新舊建築，身為建築師怎麼看這件事？

換位思考，與環境共存共生共榮

陳勤忠：我父親是萬巒人，母親是麟洛人，我家說客家話，但是我離開家門就很少說客家話，今天是第一次離開家後說客語、參加客家團體活動，感覺非常特別。今天想講的是如何走到老屋保存修復的過程，如何變成今天的我。現在的建築系畢業生只會畫這種圖，這是一個時代的任務，國家賦予建築師的任務就是要趕快建設。

我也經歷過這樣的時代，也因為這個過程，我很清楚開發是怎麼一回事。房子累積起來就變成一座城市，到底這樣的城市是不是我們要的東西？這也是我一直在思考的事情。

臺灣建築有幾個很大的轉變。第一是九二一，中部震災區也許是因為建設品質不良，或是其他種種原因，必須重蓋檢討。所以臺北很多建築師基於熱情奔赴臺中，興起新校園運動，這給臺灣建築環境提

陳勤忠

建築公坊設計事務所負責人。作品深入都市、鄉村，曾獲國家卓越建設「優良文化類歷史空間保存與更新類」金質獎、臺灣遠東建築獎、臺北市老屋新生大獎、香港亞太區環保建築獎等。

供很多養分，在這過程當中看到建築、土地跟人的關係，當你去到偏鄉，才會知道學校所有學生都是這個社區的家長，學校跟社區分不開，完全不是在臺北思考的邏輯。另一個是老礦區菁桐，該煤礦區影響了臺灣曾經很重要的經濟發展年代，從那裡我找到煤礦以及臺灣的歷史，開啟了我往後20年對於煤礦歷史的投入與了解，以及如何將這些歷史轉化為文化資產的概念。

前後投入了十年，顛覆了過去在「天龍國」的思考觀點。喝的水是從山上接管子下來的，解決問題不像我們用計畫步驟，而是每天不斷面對問題、解決問題。所以這十年讓我學習很多，並且與在地的人成為好朋友。透過社區，這樣由下而上的參與，從專業角度幫助陪伴，菁桐從原本蕭條的老街，沒幾年就變得很熱鬧。當時只有五家店，年輕人都外移，隔代教養問題嚴重。慢慢地年輕人回來了，也看到機

會，不過就七、八年而已。

把紀錄留下來，讓我更了解自己處在什麼樣的社會時代。臺灣是這樣自然，地形變化大，孕育豐富生態。但原本人不會到的地方，現在幾年內大家都去得了，生態都不一樣了。小溪都有鋼筋混凝土，又或是螢火蟲、小黑蚊子等生態鏈改變，但我們都不知道土地有這些變化。專業的介入對於一個地方的改變是什麼，我認為是專業工作者反省的過程，包括國際知名的平溪天燈，背後必須面對這些問題。

2010年，我去上海兩年多，回來後，重新走了臺灣一趟。我對臺灣的改變有點驚嚇，環境的破壞與人工化、美學和鐵皮文化。我們的優勢到底是什麼？除了天然的環境、教育的基礎、開放的社會，還有生活的文化基因。建築人的時代任務為何？我大學剛畢業畫的圖，跟現在面對土地的需要，應該有不同的時代任務。

我曾看到一個慈善團體在幫弱勢者重建家園，結果是拆掉舊房子，蓋了鐵皮屋，這是一樁好事，但是，是不是對的事？這樣的慈善團體還不少。對一個70歲的老人家，住到夏天更熱、冬天更冷的鐵皮屋，會健康嗎？問題到底出在哪？原來，拆除是大家面對問題最簡單快速的解決方法，這很嚴重。

徐彩雲：第二階段，大家來參詳第二段主題，就是家的延伸。以姚老師的專業來看，我們的祭祀空間，像家裡的公廳、橫屋，或是我們拜拜的宮廟、伯公廟，都是家的延伸。姚老師介紹屏東打鐵天后宮的故事，這是屬於同個信仰圈的空間，值不值得保存，不是外地人的觀點，而是在地如何看待自己的空間。

打鐵趁熱，天時地利人和的指引

姚其中：我曾去新埤打鐵天后宮做保存紀錄。現場拍照紀錄，廟簷是重點，過程中出現一中年男子，問我從哪來、拍那麼久。我說這古建築很值得保存，他慢慢理解我們的動機。我問有什麼值得為他效勞的地方嗎？他欲言又止。又說：「你們這些臺北來的都說要幫忙，結果回去都沒有下文。」我可能也曾如此，只有口惠而沒有實際行動。我將照片分享，很多人開始關注這個

新埤打鐵天后宮，1939-1942年由地方仕紳黃幹祥等信眾捐建。雙堂屋形式奉祀媽祖與觀世音菩薩。（照片提供／姚其中）

議題。客委會六堆300年正好有專案，應典婉邀請，就去了打鐵天后宮，這些能否保存？還是要拆得片瓦不存？這些剪黏可能都出自工藝名匠之手，找了陳世仁老師一起認證。天后宮是鋼筋水泥蓋的廟，但裡頭的木結構是1937年所造，當時是戰備時期，臺灣寺廟活動也暫停，日本統治臺灣50年，天后宮是壓軸之作，且是來自名匠之手。很多鄉民不捨，因為裡頭有很多記憶，小門一直拆拆拆，都沒了記憶，他們也認為不應該變成新廟，把應該保留的東西保留下來。短短五天，就改變了打鐵天后宮的命運。

徐彩雲：這是很有趣的仙人指路、打鐵趁熱，天時、地利、人和遇在一起。做新的之前，有什麼舊東西值得保留轉換，並且留下當地人的記憶，還有很多傳統工匠藝術家作品，值得後人連結珍惜，接下來羅屋書院的仕龍可以分享。

承先啟後，來自老屋的呼喚

羅仕龍： 羅家移居到關西鎮上南片大概有200多年的歷史，羅屋書院則有100多年，能否讓在地永續發展，這是我們最關心的事情。最近關西流行仙草花的種植，吸引了許多遊客到來。關西的一鄉一特色，就是仙草。居民很可愛、很努力去推動然後舉辦各種活動，讓關西仙草發揚光大。利用在地特色來辦輕旅行，例如玩田埂迷宮、古道、玩石頭等等，同時輕旅行中欣賞羅屋書院的建築上有木雕、石雕、磚雕、泥塑、剪黏，百年前的匠師作品，可以看到前人建造此三合院的用心與努力。

還有大灶，可以做客家美食。也跟很多藝文團體合作演出，包括牛欄河劇場，還有阿淘哥（陳永淘），我們辦過爵士音樂會、創新嘗試客家懷石料理，在這環境享受美食。開放各種生活體驗，過程中，認識了全世界各地的朋友，如：德國工業大學透過新竹縣社造中心的引介，來參訪、交流，德國有很多年輕人也在著手進行回家鄉、照顧老屋的事。

最後，想問大家是否有過聽到內心聲音。還在臺北工作時，有次搭捷運準備出站，心裡有個聲音：人的一生從歷史的洪流來看，也是轉瞬間，現在使用的一切，都是由前人的智慧累積而來，應當珍惜當下，感謝一切，「承先啟後」、繼往開來。當時心裡聽到這心聲，同時腦海中就是跳出羅屋書院上「承先啟後」石雕的畫面。我們都是過客，對羅屋書院而言，客人或許是一、兩天的過客，而我可能是80年的過客。我們離開後，老屋的美好能否繼續留下、傳承，相信這才是關鍵。

徐彩雲： 老屋會召喚，我自己也感受到祖先一直在召喚我，生了五個孩子也算是一種召喚。對於洄游返鄉的動詞、名詞或形容詞，觀點是什麼？

歷史的痕跡，是被保留的

古正君：我回到大溪，叫做源古本舖，定義不是回家，是回來。老房子確實會召喚人，老天爺或祖先把我放出去，修煉一些技術或方法，回來服務他們。我念的是大眾傳播，做了非常多的大案子，甚至把夏威夷州長都邀請來，當時並未想到可以回到大溪來服務這個空間。做移民產業時，長時間在歐洲，看他們修復的方式跟臺灣不同。父親很喜歡這個房子，不希望房子格局被破壞掉，連熱水器都沒有，大灶是刻意被保留下來，沒有被現代的工法破壞。只要有人願意來使用，都會給優惠價格而且充滿感謝，才會有社區營造工作者來使用，也才有整個後來大溪社區營造風起雲湧。目前老屋是修好的，看起來好像都沒有修，換言之，歷史的痕跡，是被保留的。這幾年做糕餅烘焙，土牆上的煙燻痕跡就是用濕壁畫的方式保留，請臺南藝術大學的師生來處理。

公部門給的預算頗多，最後協調是修補牆面，一面牆用六天來修。另一面牆用小針美容，同色去描畫，花了八個月。當文資局長來時，他說這一面花八個月的較好。一面老牆就像是一個有氣質的老太太，你偏偏要她打玻尿酸、拉皮，然後抹上胭脂。我們家的兩面牆，就是錯誤功法練功的紀錄，因為已經錯誤了，也是不可逆的，我就讓它存在。

說是回來，而不是回家。用尊敬老房子的方式讓它回來，希望回來是一種定義更廣闊的方式。我爸曾說，上梁時，給老匠師一個紅包，他要我拿一個盤子奉上，是一種態度。堂姊古名伸帶著舞團「古舞團」從臺東來，我給公部門很大壓力，一切沒有按照時間、也沒有按照計畫，我就跟古名伸說，我們亂跳，他們還在修復的時候，就先賣票，用賣票的壓力讓他們修好，不然就會成為一個大笑話。公部門終於

明白不能輕視，包括那兩面牆都是他們永遠的記憶，所以說回來是有涵蓋性，包括私廚「回來吃飯」，希望把對匠師的尊敬找回來，這樣才能善待老房子。

徐彩雲：我想這個轉譯的過程中，不只是工匠師父的參與，以及我們如何用心，可以在過程中學到很多。接下來請陳勤忠建築師分享一下他是怎麼去設計別人的房子以及其中的收穫？

回望起點，文化的載體為何？

陳勤忠：我父親是公務人員，所以我們住的是宿舍，那麼小的年紀，我就住在一個有大院子的房子。當我需要用回憶療癒心靈時，就會回到老家。有次回去，知道房子要被拆掉了，就打電話給建築師。問房子拆掉會不會影響這些大樹？他說大樹會留著，但是，當後來知道大樹不會留了，我就知道房子對我的意義是什麼。那一刻起，我就不再回去，因為那個家不在了。這給我很大的衝擊。老房子對人有不同的意義，裡頭有故事和情感，從此之後，我的專業就投入在老房子裡。

我認為在還沒有「國家」概念之前，「文化」是社會的律法，那什麼是文化？城市裡頭的轉變，舉例說，一府二鹿三艋舺，艋舺是臺北的起點，但是現在的臺北人不見得會回過頭去看這個原點，那個舊跟老，可以代表部分過去的臺北文化，能看到城市發展的脈絡，新舊要重新被定義。在新時代，我們可以守舊的部分，反而是更新的。不要迷失在新的這件事情上面，當越多人去做新事物時，就要有人做舊東西。當舊東西都被拆除，下一代、下兩代，完全不知道過去。沒有記憶就沒有歷史，要滅其國、必先亡其史。

臺北市歷史建築青田街八巷十號「和合青田」保存及修復。（照片提供／陳勤忠）

建築是文化的載體。透過空間感，可以營造畫面、凝聚力。從清代的閩南建築和日治時期的洋樓、戰後簡陋的房子，洋樓裡頭供奉的是祖先牌位，從臺灣小小的家屋就可以看到整個臺灣建築史。知易行難。20 年前，開始進入文化資產修復，這是一個文化的建構，而不只是修復建築的軀體。去日本郊區時，我在想為什麼人行道不鋪磚？為什麼兒童樂園鋪石頭地或泥土地？原來是將崇尚自然的精神貫穿生活，小學生從這時就開始跟自然相處。所以我在做文化資產修復的時候，會回到文化的主體，而不只是修復一個軀殼。

徐彩雲：非常謝謝大家，最後想請今天的召集人來做結尾。

張典婉：我幾度聽到眼睛都紅紅的，尤其是聽到古正君談到回家的經驗。雅玲是歡喜扮戲團的表演工作者，請她做個回應。

彭雅玲：1995年《臺灣告白系列》第六集是我們第一次做客家演出，就在羅屋書院演出，因為團員是仕龍的姑媽。我從小住在日式建築裡，沒有住過這樣的房子，所以會覺得書院就是我家，家應該長這樣。羅仕龍、古正君，你們就像是未來的人，從前從前，在洪荒的年代，老房子會不見。未來的你們，是回來拯救老房子的。

徐彩雲：今天看起來跟祖先的對話有平行時空的感覺，我們有自己的專長跟想法，如何與自己的祖先平起平坐，跟祖先很親近，很感謝今天的來賓和線上的朋友。

延伸
閱讀

羅屋書院

羅屋書院位於新竹縣關西鎮南山里，舊時屬上南片庄，1901年創建，1913年竣工，為百年的一堂四橫之大型三合院古厝，早期地方人士稱其為「河背大樹下新屋」，被新竹縣政府登錄為歷史建築。「羅屋書院」一稱源自於地方文史工作者，更因過去曾是新竹關西羅氏家族內的私塾。羅氏先祖於清朝乾隆拓墾時代即居於本區，成為關西鎮最具有規模的單姓聚落。羅屋書院目前除了活化老屋，也致力於發揚客家傳統文化與藝術，以及振興區域發展。提供住宿露營，推出在地文化深度體驗，並經常舉辦多元活動。（照片提供／姚其中）

客家服飾、織染與符碼轉譯

時　　間：2022 年 2 月 19 日（六）14:00 至 16:00
地　　點：紀州庵文學森林（臺北市中正區同安街 107 號）
召 集 人：
　　　　　張 典 婉／資深媒體人
主 持 人：
　　　　　溫 金 紅／斯祿國際文創有限公司執行長
與 談 人：
　　　　　徐 彩 雲／媒體工作者
　　　　　郭 南 駿／編織工藝師
　　　　　陳 達 明／文物收藏家
　　　　　鍾 仁 嫻／禾串織巢創辦人
記錄整理：張簡敏希
攝　　影：汪 正 翔

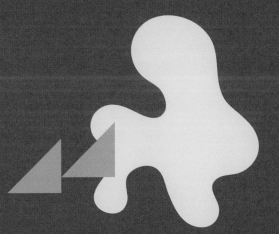

溫金紅：我出生於新竹縣芎林鄉，說的是海陸腔。透過這個主題，我們怎麼找到客家的色彩？是不是可以探索、激盪出何謂當代客家美學？我們要變成一種與時俱進的、時尚的東西，要能潮流化才有辦法流傳下去，如果沒有流通，很多東西都會消逝，年輕人也不喜歡。典婉姊今天召集很多的老朋友，先來請老師們介紹自己的收藏、文物、想法，有請陳達明老師。

溫金紅

斯祿國際文創有限公司執行長。曾任九驛魔法國際股份有限公司暨竹東動漫園區執行長、藝拓國際股份有限公司文化行銷總監、勞動部勞力發展署諮詢輔導委員等。擁有國內外文創園區規劃、國內外特色小鎮規劃、跨界設計等多元經歷，致力於推動文創國際化。

從精緻文物收藏中，
看見南北客家服飾差異

陳達明：我收集文物快要40年了，以臺灣的文物居多，今天帶來臺灣客家的服飾，分為南北部，北部是桃竹苗，南部是六堆地區——美濃、麟洛、萬巒、佳冬等，約有70件，從頭到腳都有，如髮簪、眉勒、童帽、肚兜、大襠褲、藍衫、新娘服等。

先介紹外衣，北部的客家衣著稱為大襟衫，比較短只遮到屁股，南部的為藍衫，衣服很長，遮到膝蓋下。我有帶在苗栗與新竹收的大襟衫，與在新竹北埔收到的冬季毛料紅色新娘服，有卍字紋跟盤長紋的則是在新竹芎林收到的。從衣著可看出南部人比較節省，衣服上的五個鈕扣是活動式的，可以換來換去，而北部的則都是縫死的。

飾品類有一對北部的新娘髮簪，上面有客家纏花，是跟新竹人收到的，我收了這麼久，只有收到三對而已，相當罕見。接著介紹眉勒，從苗栗收到的眉勒有個特色，就是有滿滿的盤金，給人感覺很華麗。接著是童帽，有從新竹收來的、給小孩戴的長簷帽，外型長得像屋簷，而這是從苗栗收來的碗帽，還有件夏天戴的帽圈，主要用以保護額頭；還有六堆地區的虎頭帽，它有點避邪的作用；有來自苗栗和屏東的鴟鴞帽，它屬於冬季的保暖帽。

陳達明

文物收藏家。苗栗縣南庄鄉客家人，新北市復興美工畢業，從事臺灣、大陸閩客、常民生活器物、衣飾、刺繡之搜尋、解讀、研究、收藏與展示。與客家委員會合作「花與花——客家看花與盤花特展」等多檔展覽，提供影像及文物收藏品。

這有從苗栗南庄的開拓英雄——黃祁英家中收到的圍涎，有錢人家的圍涎上有盤金，整件配色也很華麗。看花是五件一組，它是逢年過節或有喜慶時，擺在供桌上的祭祀繡品。

以前的衣服幾乎沒有口袋，所以會有扇袋、眼鏡袋、菸絲袋等，以前阿公抽菸就需要放菸絲在菸絲袋中，這些都有上百年了。以前的錢包有好幾摺，新竹的錢包有個特色是上面有刺針繡，苗栗的則會有金光閃閃的盤金。這裡還有客家人的腰帶、繡花拖鞋、鉤嘴鞋、翹鞋，繡花拖鞋為家中的便鞋，而翹鞋是逢年過節或大家族才會穿到的，客家婦女都要上山或下田工作，沒有纏足的傳統，所以鞋子都很大雙。

這些肚兜也是在南庄黃祁英家裡收到的，它有點原客混合，上半部是客家，下半部

客家服飾中的配件：錢包、扇袋、菸絲袋等。

客家服飾中的配件：苗栗客家眼鏡袋。（照片提供／陳達明）

客家服飾中的配件：眉勒、童帽、碗帽、帽圈、虎頭帽、鵰鴞帽、圍涎等。

客家服飾中的配件：織帶。

是原住民，因為他們家有與賽夏族通婚。客家人的衣服很簡約、大方，但刺繡都相當華麗，有些肚兜裡會有銅錢，有招財的意思，而且會有口袋，可以藏很多私房錢。

溫金紅：為什麼肚兜有這麼多口袋呢？

陳達明：因為以前的衣服沒有口袋，都用肚兜或腰帶綁一綁、打個結放錢，不然就是將大襟衫的袖口反摺藏錢，所以客家婦女不能舉手，錢會掉出來。這有件東勢的肚兜，不像北部是滿繡，有稍微留白，看起來更加雅緻，特別的是它只繡了一半，可以看到上面有用毛筆畫的圖騰，素描功力很好。

新竹出了很多黑圖刺針繡，這件的圖案是鶴算龜齡。而這件是六堆的，只有遮兩點，相當性感，可能是天氣比較熱的關係，它有受原民影響，上面有一些數紗繡，底下是辮繡，我們稱這個為夏兜。南北的差異在於北客的肚兜都是滿繡、不留白，後面還會繡三分之一，口袋也有好幾個；六堆的肚兜很大件、有留白，受原民影響會有數紗繡，口袋沒有這麼多，形式與造型也與北部不同，南部是扇形，北部則是菱形。以前都會繡吉祥的圖案，希望多子多孫、多福長壽。這件也很特別，是天青色，只有苗栗才使用這種顏色，我收了很多苗栗的刺繡、肚兜、眉勒、看花都是這個色系。

溫金紅：陳老師好幾十年來，從臺灣頭到尾，收集這麼多寶，這些故事、文化都被記錄得很清楚。接下來歡迎編織工藝師郭南駿老師。

復刻傳統服飾織紋，轉化為潮流配件

郭南駿：我來自花蓮縣鳳林鄉，鳳林是臺灣東部最大的客家聚落，也是臺灣第一個

取得「國際慢城」認證的城鎮，在國際慢城的生活風格裡有一個重要的指標，就是要保存在地傳統工藝。起初我的好朋友——李美玲想在社區推動織布工藝，於是找了謝叔惠老師來教導我們原住民的織布工藝，老師說菱格紋圖紋是祖靈之眼、勇士之眼，但我們由此卻開始思考：「那客家的圖紋在哪呢？」於是美玲開始尋找相關文獻，後來她從鄭美惠老師的書籍裡，發現到以前客家服飾裡藏有客家織紋。接著我們把花蓮鳳林的織布同好聚集起來，一起尋找這失落的客家織

郭南駿

編織工藝師。現任駿翔工作室負責人。曾任花蓮縣手工藝協會及花蓮石藝大街創意市集理事長；花蓮縣石藝文化推行協會常務理事；花蓮市好客文化會館駐館工藝師；花蓮鳳林客家驛站駐館工藝師；花創客家織紋緹花織帶工作坊、國立東華大學新航之舟及社區協會手作編織講師。

紋，在徐彩雲老師、張典婉老師，還有陳達明老師的牽線下，我們達成了這個目標。然後開始採集、建檔，再由花蓮數位中心的蔡依玲老師，將織圖用現代數位科技的方式畫出並保存，最後交由織友們織出來。與傳統原民幾何圖形的織紋不同，我覺得以前的客家婦女是最棒的設計師，她們擷取傳統漢族的元素，如吉祥的文字意象、植物、蟲魚鳥獸等，服飾造型與圖案簡約典雅。我們復刻的第一件服飾，是參考達明老師收藏古衣的照片，以現代人的思維去製作，所以尺寸很大件，直到真正看到原件衣服，才知道以前客家人的身材非常苗條。後來有與達明老師借這件琵琶襟大紅新娘服，擷取它真實的尺寸資料，希望未來有機會能完全復刻這件古著，讓它重現於世。此外我們也探尋到了 12 條失落的客家織紋並將它織作出來，而我織作後還自己打版製衣，將美麗的客家織帶縫在衣服上。

客家傳統織布已被遺忘，我們覺得要持續推廣下去，所以在花蓮鳳林的北林國小安排全年級的學生上織布課，教導最傳統的三棍腰織，織具簡單可隨身攜帶，隨時隨地都可以織作，藉此讓孩子學習傳統技藝。另外我們鳳林當地有花手巾工作坊，使用最傳統的植物染，以天然植物、礦物做的染料，已經能製作出現在所知的顏色。同學們用棉線做植物染，再自己織出

2021年10月7日，北林國小學生利用桌上型織帶機學習製作客家織帶。（照片提供／郭南駿）

織帶來製成袋子。而花蓮的織友們也不斷學習精進織藝，從簡單的腰織，到現代桌上型簡易織布機，甚至國外流行的傳統卡片織作，他們都可自己設計織紋圖案及織作。

織友蕭亦涵老師也設計了較新式的客家織帶服裝，像之前有幫北林國小的小朋友設計服飾，藍衫結合花布與客家織紋，也能把它運用在其他設計上，如T恤、皮件背包等。此外我們還與富里的羅山部落合作，當他們導覽時，用我們做的客家織紋便當袋放水果、餅乾，再送給參與遊程的客人們。

受現代工業化紡織影響，大家都追求快時尚，我們已忘了傳統古老的織紋圖飾，人跟人的關係變得愈來愈淡薄、愈來愈沒有味道，藉由這些傳統織紋、服飾、顏色，能讓我們變得有所不同也有更多的可能性，這就是我們在花蓮鳳林的織布生活。

溫金紅：郭老師的產品，我覺得已經接近潮流了。接下來請阿嫻介紹一下。

編織耕布，轉譯人生

鍾仁嫻：我設定的主題是「尋轉織路來耕布」，無論織布或繡花，我媽媽都說「耕布」，身為農家子弟，我覺得這個講法很好。我從小就很愛玩，也喜歡自己做東西，可能有遺傳到客家人節儉的精神，我很喜歡撿舊東西，不過不是像陳達明老師收藏這麼貴重的東西，比較是不起眼的東西。

鍾仁嫻

禾串織巢創辦人。曾任九座寮文化協會執行長、桃園市非營利組織發展中心主任。2017 年轉而習藝，五年來在國立臺灣工藝中心進修天然染色及梭織，也赴泰國清邁學習克倫族人獨特的染織藝等。目前創辦禾串織巢工作室，從事天然染色和織品創作及教學，致力推廣以天然在地染材為主的染織工藝。

我年輕時在臺北做文字工作，後來轉職做社區營造，到現在做個人創作，是很大的轉變。我是接觸到染跟織，才找到個人最好的表達方式，而且到了這個年紀愈來愈想要慢下來。

以前年長的孩子會去龍潭附近的紡織廠工作，幫家裡分擔開支，那個年代也有很多家庭代工，我做過聖誕燈泡外銷，從小在這樣的環境長大，回顧過往我覺得自己現在的能力，是從做這些不起眼的工作培養起來的。過去沒有天然纖維，是卡斯米龍、化纖最流行的時候，毛線衣全都是化纖。小時候隔壁的大姊們做針織，會丟很多線頭，我會將它們重新捻合。

有天我在家撿到條毯子，就將它拆掉、線的顏色分開，再織成兩塊，一塊是盲織，不配色，要壓制住自己的美學判準，另一塊則以自己的美學概念去織，這就是一種文化、品味的養成，有趣的是我們認為不美的東西，如果搭配得好也能變得很漂亮。

我從十幾年前開始學染線、染布，當時因成立了九座寮文化協會，就跟社區的婦女一同成立工坊，我們用天然的材料做植物染工藝。當時因為植物染要用熱染，需要煮，吸引了附近的老人家們前來，在聊天的過程中，才知道他們過去也這樣染。鍾家後面有一片樹林，種了很多尤加利樹，他們就用尤加利染布，表示我們的祖先有傳承到天然染色的文化。以前沒有化學的東西，老祖宗運用智慧從大自然取材，使用麻、棉、毛質料，其實苦楝、月桃、野薑、鬼針草、小花蔓澤蘭都可染色。所以客家的傳統是什麼？我覺得很值得思考。

雖說我十幾年前就學染布了，但五、六年前，我才去國立臺灣工藝中心，與三位留學日本的老師好好的將染與織學一遍。他們分別畢業於京都川島織物學校、金澤美術工藝大學，所以我學的是最精緻、講究的方式，才能染出這麼多漂亮的顏色。
天然的染料會固色，染完後手上仍會殘留顏色，我朋友說撿骨的手也長這樣。藍染在臺灣是成熟的產業，很多顏色都要跟藍染搭配才能呈現出來。曾聽說在藍染產業興盛時期，報酬很好，若看到男人的手有藍染的顏色，表示可以嫁。

我想創作來自童年，我之前做了一個立燈，因為在農村出生，對麻布袋很有感情，於是想用它做現代的東西，當時染了很多顏色去呈現它。

剛剛南駿說幾根棍子就能織，我是在泰國跟克倫族學的，他們的織布或染織文化真的很不一樣。後來我又去跟泰雅族學，他們是用織箱。

郭南駿：因為都是南島語系，所以織作的技術與方法，其實都一樣，我們在研究織紋時，才發現全世界織布的原理都大同小異，織布的工具也都有相關。

鍾仁嫻：這種原始織最厲害的在中南美洲的瓜地馬拉，他們能用簡單的幾根棍子織出繁複的織紋。工藝跟藝術的界線在哪？藝術在殿堂中，工藝則不能脫離生活。我去泰國清邁時，看到路上人們背的、穿的都還是手工製作的東西，那裡對做工藝的人來說是很好的環境。

我們老師說過：「織布就是一段你馴服線的過程」，不過對我來說，織布是你與線交纏、互相馴服的過程。藝術與工藝的界線逐漸變得不清楚，是受到德國包浩斯藝術流派的影響。我從小就很喜歡看保羅克利（Paul Klee）的畫，他也是包浩斯學院裡的老師。包浩斯有幾個女學生，其中有位 Anni Albers 對現代

講師鍾仁嫻介紹作品「織山水」，織出玉山的輪廓。

織布影響很深，因為她的關係，後來才有這麼多織布能放進藝術殿堂中，或使得學複合媒材的藝術創作者一定要來學織布。

我只喜歡簡約的東西，若繁複如繡花，我就沒辦法，我有一點密集恐懼症。有一種技法叫夾織，同個技法用不同的線，能發揮的空間很大，可以很詩意、很即興，這是我很喜歡玩的東西。

開始做織布創作後，有很多面對自己的機會，過去一直在做文字工作，都在寫別人的故事，把自己藏在後面。我其實很害羞，不過學織布後，我必須面對、揭露自己，文字是最直接的東西，因此織布給我一個表達自己的機會，慢慢把自己掏出來。很久沒參與需要完全說客語的場合了，尤其織布有許多專有名詞不可能全用客語表達，就先用華語寫下，再思考怎麼用客語說，在語言的思考上，其實就是在做一種轉譯。

我去年學了一種新的織布技巧叫Tapestry，中古世紀有許多掛毯都用這種技巧，用一個織框就能徒手織，方式也很原始，在法國的Gobelins博物館，從亨利四世時代就留下傳統的技術，到現在仍在發展，因此博物館仍能產出大型的織毯。

溫金紅：你做一個作品要花多少時間？

鍾仁嫻：一幅大概半個月，因為要一條條線織，且有些線要重組，譬如漸層，要把深色的線拆開來，拿出梁骨與較淡的顏色配在一起，再捻回去。還有一個我很喜歡用的技法叫INTERLOCK，它也是類似夾織，很適合表現輪廓線。我有帶織了玉山輪廓的「織山水」與小陶織。很多小型的織框都是用木頭做的，釘子容易凸出來又容易裂掉，因為我也有做陶，因此做了小陶織，旅行時像筆記本好攜帶，且感覺比木頭更精緻。我

小陶織，為講者鍾仁嫻的創作工具，是可以隨身攜帶的精巧織框。

認為做織布是我人生中很妥貼的事，不斷在創作中思考，找到尋回自己的方式，在耕布中耕出一坵坵的田，對我來說這就是人生的轉譯過程。

溫金紅：客家人來自山林，我們是同一體性，取之天然，用之於天然，這是客家人的精神。接下來歡迎彩雲。

以史為鏡，以人為鏡

徐彩雲：為什麼我會對中港溪流域的老照片這麼有感情？因為它記錄著我父母、先生與公婆的故鄉，都在這條河域旁。我應該是被祖先挑到，只好很認真（認命？）。先介紹玉光照相館的兩位老師——李旺秀、李滇吉，照片是李旺秀老師年輕時穿著很帥的西裝，頭髮也梳得很漂亮，這是僅存的玻璃底片兩張之一，他跟朋友的自拍照，「拍自己」算是攝影師養成的過程；另外民國51年（1962年）在苗栗縣新聞記者公會辦的第19屆攝影比賽中，李旺秀先生與黃勝沐先生得獎的作品《樹蔭佳人》，被拍攝者是劉秀嫂小姐，前者得到社會組第二名，後者得到記者組第一名，李旺秀先生的得獎作品都擺在他的櫥窗內。

徐彩雲
國立臺灣藝術大學廣電系畢業，現任講客廣播電臺《个便當風景》節目主持人、網路媒體《上下游副刊》專欄作家。曾任中視客語新聞和氣象主播、中央電臺客語節目主持人、捷運及銀行等客語配音、自由撰稿人。（照片提供／徐彩雲）

再跟大家分享黃秀滿阿姨跟姊姊的照片，去年

（2021）黃秀滿阿姨得到客家貢獻獎，我採訪她以前，詢問李禎吉先生，他說要跟我一起去，70年來兩人從未見面，李禎吉先生將秀滿阿姨的照片上彩，並送她當紀念，原來李禎吉先生是秀滿阿姨的小戲迷，兩個人講話時，流露著真摯的情感。

李旺秀先生曾扛著很大的蛇腹相機，拍攝他的岳父、岳母——張連友、陳冉妹，為了慶祝岳父70大壽。我在照片中看到一個細節，岳父母兩個人坐著，但岳父的褲腳很明顯地拉上去又拉了下來，還有摺痕，我猜因為要拍照，但沒這麼好的衣服，只能穿耕種時的衣服；另一組照片是南庄翁美珍姊姊的阿公翁阿保老先生，很有老紳士風範，穿著長袍、皮鞋擦得發亮、手上拿著書，我曾問美珍姊：「阿公看的是什麼書？」她回說：「他根本不識字。」我後來才知這張照片放在公廳裡，老人家在過世前會拍照，我猜老先生希望後代覺得他飽讀詩書。

張阿祥與李香妹的結婚照。手工上色照片，並非只是模仿彩色照片，有時只使用局部上色或漂白，目的是烘托出照片中人事物的氛圍及時代感。（照片提供／客家委員會）

李禎吉老師還拍了一些南庄的美女，如高貴娥、賽夏族，曾在東河國小當工友，後來遠嫁義大利，還有南庄國中的學生黃品昭，南庄國中的老師廖淑慧，以及胡麗琛，她退休不久，過去在南庄的中華電信任職。

李禎吉老師除了拍漂亮的女生，也拍一些日常生活照，如擔柴的婦女。接下來是飄湘美髮坊的負責人風梅香，賽夏族，現在還是這麼漂亮，當時為了吸引客人，照片一定要會上彩技術。剛剛有提到黃祈英家族，黃楊仙娘，東勢人，她的先生是黃光

榮，公公是黃開郎；還有前苗栗縣長謝金汀、探險畫家劉其偉的照片，也有裁縫班的照片，當時基督教的福利會或是南庄婦女會都有教做衣服，讓婦女們（不論原漢）有一技之長，是那個年代婦女必備的手藝。

第二間要介紹南美照相館，主持人黃勝沐先生拍了很多大官、名人，如林青霞，當時電影《難忘的一天》為了拍攝礦場，曾在南庄取景；演出《家有嬌妻》的張琍敏、前鄉長黃錦繡、前苗栗縣長黃文發、縣長夫人黃陳鴻妹、大千醫院徐千剛的母親劉碧英，能看出那個年代大家喜歡的服裝樣式。黃勝沐先生喜歡拍獅頭山、畢業旅行、行軍，大家都喜歡登高望遠，去感受山景秀麗的美景。我看了研究論文才知道，當時獅頭山的尼姑，很多是來自六堆地區的客家女性，這位陳綢妹（人稱阿綢姑，《獅頭山百年誌》寫她是南投人），她在做醬菜的照片；南庄很慢才有電，這裡還留著林為恭縣長參加送電典禮的照片，可看到以前是用毛筆寫的慶祝文字，裝置藝術都是使用大自然的材料。我還在照片中，看到陳達明老師的哥哥，我婆婆與她妹妹，也就是阿姨都在這張珠算筆記班結業的留念照中，在別人的攝影作品中發現自己的親人，是很奇妙的感覺。

接下來是珊瑚照相館的張阿祥先生，他很疼老婆，在結婚照很用心地上色，還有16、7歲時，舅舅帶他去重慶南路買照相機的照片。最後一間是林照相館的林占梅與林國光父子，其實這四間相館中，有三位相館主持人是好朋友，林占梅老師的太太林鄭新妹喜歡收集日本、中國女星的相片，也有她弟弟鄭金水下南洋當軍伕的照片，林國光先生的妹妹瑞霞姊姊與瑞櫻姊姊說她們的衣服是頭份旭峰時裝社做的，負責人叫鄭玉梅（她們的姑姑，阿梅姑），據說全盛時期請了四、五個人，生意非常好；這裡還有獨家的典婉姊和客委會楊長鎮主委小時候的照片。

這套書從第一頁到最後一頁都有河流動的感覺，從上游流至下游，再從下一頁連

接，以史為鏡，以人為鏡，人生的長鏡頭如何轉譯成有工藝價值？我希望不管是哪個行業的人都能投入，所以彩蛋是在大家手上，無論是變成電影、戲劇或文字作品都行。回到鄉下生活後，我有一種安神定魄的感覺，希望大家也能找到自己的根，找到夢裡的這條河壩。

溫金紅：達明老師的收藏，如肚兜，能看出客家人的內在美，而內在美是最重要、有趣的靈魂，或許能成立客家文物館。南駿的服飾很時髦，都是日常所需的用品。阿嫻是保存臺灣客家織藝的第一人，東西能客製化也能上NFT。彩雲介紹的每張照片都有屬於那個年代的故事。這些服飾、文化、工藝要轉譯成當代，讓年輕人喜歡並想購買，這樣才能傳下去。客家當代美學是什麼？不是用談的，而是運用媒介跨領域做產業整合，或許走出新客家普普風或是超現實，走出新的潮流。

延伸閱讀

《一鏡到底，中港溪的流光溢影》

徐彩雲主編，2021年由客家委員會客家文化發展中心出版，為攝影文集套書。結集中港溪流域上的玉光照相館、南美照相館、珊瑚照相館及林照相館等四間客庄相館，收錄攝影師及作品的調查研究，論述老照片背後的歷史意涵與客庄情感，地點包含南庄、三灣、頭份、北埔、峨眉、竹南、造橋等地，時間橫跨日本殖民時代及國民政府來臺，記錄著賽夏與泰雅原住民、客家、閩南族群以及頭份斗煥坪外省籍軍人間的族群故事。全套書分為四冊，16篇文章。

文化政策下的客家美學風潮

時　　間：2022 年 5 月 21 日（六）14:00 至 16:00
地　　點：左轉有書（臺北市中正區鎮江街 3-1 號）
召 集 人：
　　　　　張 典 婉／資深媒體人
主 持 人：
　　　　　陳 美 禎／資深客家媒體工作者
與 談 人：
　　　　　吳 漢 中／社計事務所總監
　　　　　徐 景 亭／東海醫院設計工作室負責人
　　　　　彭 永 翔／ MOT TIMES 明日誌總編輯
　　　　　謝 淑 靖／編導、製作人、小島旦總指揮
記錄整理：張簡敏希
攝　　影：鄧 婷 文

張典婉：感謝在場朋友們在疫情嚴峻時，仍來參與。先介紹客家委員會的廖美玲處長、文訊雜誌封德屏社長、台三線藝術季的設計總監吳漢中老師、徐景亭設計師是東勢人、明日誌的總編輯彭永翔，還有六堆庄頭劇場的謝淑靖導演，接下來時間交給主持人陳美禎。

客家女性的花朝月夕

陳美禎：文化治理是否能帶動新的客家美學風潮？今天會從不同的角度，與各界專業人士共同討論。客委會剛成立時，於第一個母親節舉辦了「花布靚靚──客家女性生活美學展」，當時我在策展團隊想把客家女性、土地情感、族群連結起來，提出了「www.hakka. 細妹 .tw」，「www」代表 women、work、world，當代女性有自己的專業和工作，用以建構自己的世界，也能與外面的世界連結。以客庄生活經驗中常見的花布為視覺意象，從中看見客家女性的生命經驗、生活場景、勞動狀態。在這個大論述下，我們設計了許多生活用品，並邀請不同國籍、年齡層、性別的藝術家以花布為媒材在開放的公共空間進行裝置

陳美禎

資深客家媒體工作者。曾任客家電視新聞部《村民大會》主持人、公共電視新聞部《客家新聞雜誌》文字記者、主持人、代理製作人等。在客家新聞線上從業20年，虛心學習不停歇。曾獲第一屆客家新聞獎電視類新聞採訪報導獎，三度入圍卓越新聞獎基金會社會公器獎。

藝術創作，也找了很多文化志工，例如：南庄愛鄉協會的社區媽媽們用花布設計農產包裝、大學客家社的成員參與布展、走秀，年輕的客家藝文工作者改編鍾理和小說場景演出布袋戲等等。

臺灣最早將花布融入創作的是林明弘，霧峰林家的後代，1996年在當代藝術空間「伊通公園」，他將法國籍妻子用花布做的抱枕畫入畫作。1998年在帝門藝術中心，把榻榻米立起來，上面滿是花布的圖案。2000年臺北市立美術館雙年展時，他把花布放大很多倍，鋪在地上、牆上，形塑了強烈的美學意象，這個展覽轟動國際，甚至到國外巡迴。他的作品激發了我們的靈感，後來大家說這塊布叫「客家花布」，這是始料未及的。這其實是1949年後，生活在臺灣的人共同的生命經驗，戰後從上海來的輕工業紡織廠，帶著器材在臺灣重建產線，針對這塊土地，特別針對臺灣人喜歡的花卉重新設計圖案，有別於日式花布，這是在永樂市場做田調時，那些老布行的老闆們說的。2004年一月19日文建會用同樣的花卉圖案搭配紅色100%加黃色20%的底色發表了「臺灣紅」，意在強調這種花卉圖案是臺灣內部共同的生活經驗。後來客委會開始辦理桐花祭，用油桐花圖案印在棉布就是客家花布嗎？用桐花花布做出來的東西，就能稱為客家文化創意產業嗎？官方與民間辦的活動都以此為文化符碼，它是否能得到所有客家族群的認同，並感動族群外的人？客委會透過文化政策創造出「被發明的傳統」，在文化認同上，客家是不是大家「想像的共同體」？來聽聽大家怎麼說？先請徐景亭分享她在客庄的創作，與將客家元素帶入創作的經驗。

Less is more

徐景亭：我學的是工業產品設計。1999年大學剛畢業，記得九月21日是新公司的報到日，但我沒去，因為半夜接到媽媽的電話說地震很嚴重，所以天一亮，我們幾個

姊妹就一起回東勢。當時老家在東海醫院，新家在東勢王朝，我媽媽說她差點死掉，因為她跟著倒塌的大樓直接從12樓到一樓，被我爸爸救出來。

東勢有一群年輕人很關心家鄉的事，我那時幫他們排社區報，過程中我才從他們的文字裡，對自己成長的地方有比較深的認識，並對自己的家產生強烈的感覺。醫院就是我家，所以我把東西整理起來，做成「東海醫院」的展覽，我把它布置得像家，邀請大家進來。

徐景亭

現任東海醫院設計工作室負責人、實踐大學兼任講師。九二一地震後，整理老家醫院並舉辦展覽，用設計概念繼承家業，近年參與策劃如臺灣文博會「手造工藝」展、「茶3.1415」、Yii計畫等，目前工作室位於三重工廠區，創立「黑色聚落」，推廣MMSS（即「Material材料」、「Manufacture製造」、「Space場域」、「Share共享」）計畫。

記得東海醫院開幕時，我爸爸醫學院畢業、實習完回來，家裡從茂生診所變成東海醫院。我阿公最早在東勢衛生所當醫師，當時臺灣農村有恙蟲病，聽說是我阿公發現的。東勢是山城，我長大的地方，並非刻意要在這創作，而是身為設計師，努力思考我能在這做什麼？從設計的角度，客家如名言「Less is more」，少即是多、物盡其用，了解物品的本質並激發創意。

陳美禎：「東海醫院」裝置藝術展展出時，我已經在公共電視《客家新聞雜誌》，當時採訪過景亭，她從設計人的角度，讓大家認識東勢所在的「山城客家」。接下來請彭永翔，你在生活與工作中對客家的認識是什麼？你認為這麼多年來客家美學產生什麼樣的變化？

徐景亭展覽「東海醫院」。(照片提供／徐景亭)

迷因、藝術、設計,縮短你我之間的距離

彭永翔:「MOT TIMES明日誌」是成立11年的設計媒體,長期關注城市建築、藝
文、設計,媒體重要的本質是傳播,將議題用適合讀者的方式溝通,同個議題在不
同的媒體,會有不同的處理方式。客家是臺灣文化的一部分,但當面對的受眾是大
眾時,如同《茶金》,可從歷史、產業、文化切入,而非直接談客家,才不會讓非客
家族群的人產生距離感。又如「浪漫台三線藝術季」很成功的讓大眾走入客庄、看
見客家文化,它的名稱是能對所有臺灣人溝通的語言,而客家文化是支持這個活動
的本質,並挖掘了地方上重要的文化跟產業。並非所有活動都要用此方式創作,端
看受眾,選擇適合的方式與恰當的概念。美永遠是相對的,但概念永遠是最重要的
起點,如果作品的企畫、概念是好的,執行方式也有回應概念,我覺得都是值得被

討論的作品。

關於傳統文化如何被轉化，分享佐藤大的例子，他是很有名的設計師，「Nendo sees Kyoto」展覽與京都的老店、寺廟合作推出七件作品，松榮堂是其一，松榮堂為日本京都知名的香舖，有300年的歷史。佐藤大在這個案子裡，用了當代的手法呈現，首先是混香，混香最早是香水品牌「Jo Malone」，推出量身訂製的服務，佐藤大把商業行銷文化用於傳統，將兩種不同香氣的香，以3D列印的繫結串聯在一起，燒到中間時會產生香味的混合，再來是香盒蓋上有刻日式花紋，把香盒蓋上後，香灰會出現花紋，有點像枯山水，重新詮釋了線香的生到死。傳統文化跟當代的結合需要轉化，這要回歸到你想如何詮釋傳統文化？懷舊、迷因、藝術、設計都只是手法，重要的是真正想傳遞的訊息。

彭永翔

現任線上設計媒體《MOT TIMES》明日誌總編輯，國立臺灣大學法學院科際整合法律學研究所碩士、倫敦藝術大學 London College of Fashion 時尚零售管理碩士。曾任《La Vie》雜誌、《Shopping Design》雜誌主編，並以《La Vie》封面故事「2015台北大未來」入圍金鼎獎最佳專題報導獎。

設計有很多面向，我們之前有為忠泰集團編一本刊物《AAA城市藝術生活誌》，邀請了 Project on Museum 為我們設計封面及內頁別冊。今年主題是運動，近幾年愈來愈多內省型的運動出現，如瑜伽、攀岩等，人們想在運動中，看見、尋找自己，所以在封面設計上選用了鏡射的效果，運動則以抽象的條紋代表，就像風格派是運用線條

《AAA城市藝術生活誌》封面。(照片提供／MOT TIMES 明日誌；攝影／余松翰)

和色塊，產生畫面的運動感跟平衡感。最後是日本設計師高田唯的作品，他帶動了「新醜風」，打破、跳脫原有的系統規範，因此「美」是一個開放討論的議題，最重要的是，是否有一個有創意的概念，以及這概念是否能透過不同的手法，成功傳遞給你想要溝通的受眾。

陳美禎：「浪漫台三線藝術季」讓大家因美感而驚豔，請吳總監分享，如何推動第一屆「浪漫台三線藝術季」？過程中怎麼認識客家跟連結社區？

綿延 150 公里的瘋狂計畫

吳漢中：這是個瘋狂的計畫，客委會在專業決策的討論，與整個籌備制度的形成，

幫了很大的忙，而且他們很尊重創作者，許多會議都是讓創作者跟行政機關一起做決定。我認為能在第一屆就推動到150公里的規模，某個程度上是客家文化過去2、30年來的積累，每個地點的選擇不是思考多漂亮，而是人、社區、組織是否成熟到能跟藝術家、大眾對話？因為在社造時代，有這些文史工作的基礎，才有浪漫台三線。制度上也是一個突破，過去地方生活環境營造的費用，可能會分配給地方政府、行政機關等，此次客委會有這個勇氣跟高度，把要分配的零散資源做有系統的策劃，決策者對願景有想像，並適度的調整資源與政策方向，再透過籌辦機制的設計，讓150公里的藝術季能共同發生。

吳漢中

現任社計事務所總監。美國杜克大學企管碩士及國立臺灣大學城鄉所碩士。曾任2019浪漫台三線藝術季設計總監、2018臺中世界花卉博覽會設計長與2016臺北世界設計之都執行長，長期推動臺灣設計變革，統籌國際級博覽會與藝術季。

再者確實如永翔說的，我們一直避免把客家放在最前面，不讓大家認為這純粹是針對客家的TA在溝通，客委會也非常尊重，只有一個TVC的配音，被從華語版改為客語版，當時有句話讓我印象很深刻：「如果我們客委會拍的廣告不能用客語，那我們什麼時候才能講客語？」儘管電視廣告以傳播來說轉化率非常貴，但這是文化跟語言給予的高度，遠超過在傳播上的效益，而傳播效益可用其他社群彌補，我們看待這個議題的高度跟價值，是不能被動搖的。另外我最佩服的一件事，是通常官方在活動要結束前，不願意做討論，後

來因為林舜龍老師牽線，讓日本「瀨戶內國際藝術祭」的兩位推手、策展人長谷川祐子與秋元熊史，來臺灣給予回饋，本來不抱希望，沒想到主委與副主委還真的支持讓國際顧問前來。才知道原來跟我們這麼熟悉的日本的專業人士，也不知道臺灣有客家族群，並有它獨特的語言跟文化魅力，再者他們非常佩服客委會，有企圖心做150公里，且吸納大量的在地文化與創作工作者，世代間的整合、多個團隊分工合作，與過去日本由總策展人決定一切的方式很不同。如何跟在地文化網絡持續的交織、合作、對話，並有更多在地方有設計背景的人一起加入，會是一個重要的開端，也是第二屆的基礎。

陳美禎：接下來是謝淑靖導演，因「六堆300年庄頭劇場」，她去了很多庄頭，請當地鄉親講自己庄裡的故事，作為一名劇場專業工作者，你怎麼去統整所有的過程？

神明一同參與的演出

謝淑靖：我在「六堆庄頭劇場——NEXT300，尋找六堆DNA」擔任總導演及編劇統籌，但我不是六堆人，我是一半的桃園新屋客家人。1721年朱一貴事件，南客集結成民防單位，組成六堆，我們回頭看它的源起，從宗族、移民、大規模的開墾，自一個戰鬥組織到後來形成新的文化組織。

藉以庄頭劇場的方式想探討、尋找何謂六堆或客家人的DNA，及這個DNA有沒有可能延續下個300年？DNA存在於我們的血液中，可能是性格、生活選擇、價值的一部分。對九個劇團來說，劇場是一個很人工，可以高度控制的地方，現在要靠近庄頭，而在庄頭很多事都不可控，居民演員們都沒受過專業訓練，反之對居民來說庄頭是生活場域，挑戰在於要進入劇場演自己的生活，當兩者都遇到困難時，就出

現了「伯公」的角色，他是我們代稱在庄頭裡，能帶我們遊庄、了解在地、攪動資源、號召群眾的人。其實很多參與的都不是真正的素人，可能是在地的表演性團體，如長治的「藝夥人表演製作團」，團長是曾鼎凱，專業科班的創作者，又如麟洛的「雙鵬樂團」，由陳雙老師所組織，這些人已於在地耕耘許久，發展很多表演，也培育很多藝術種子。

再來是社會公共知識分子的部分，如村、里長，我們有一齣在新埤演出的戲叫《頭擺頭擺，伯公講》，找了兩位村長跟新埤鄉的鄉長參演，他們有號召力、帶動力與感染力，我們也會去關懷據點或社區發展協會，找庄頭演員。除了我之外，還有四位編劇，分別為徐麗雯、賴家萱、陳御弼

謝淑靖

編劇、導演、製作人，現任小島旦總指揮。擔任「六堆庄頭劇場」編劇統籌、總導演、馬祖國際藝術島《海島來相見》風土展演策劃、馬祖品牌音樂劇《馬祖心情記事》編導、2020基隆國慶晚會暖場表演總策劃、文本設計。

、林政勳，麗雯跟家萱是麟洛人與佳冬人，在編劇的尋找上，希望他們能用不同的角度、觀點、面向觀看六堆族群。

九齣戲各自會提到想探討的六堆DNA，《菸葉飯》探討集體勞動；《關》講原住民與客家人在水源不足時，產生的族群關係；《八音Reunion》談美濃反水庫事件，父子間雖世代不同，可反抗的DNA是共存的。Reunion是大團圓的意思，用英文字代表世代間的對比與融合，中間有一段，請了羅永昌老師將八音與搖滾樂編在一起，後來有

前輩來指教，認為八音本就是重金屬，已經是搖滾樂了，為何要變成你們的樣子？

後來我們合作的八音團，找到可以保存客家八音理念的方式，演出很成功，他們甚至覺得未來的演出可以將戲劇帶入；《火燒庄》是講祖先的召喚，客家人重視祖先崇拜，可祖先是否真能解決當下的問題？

2021年，「六堆300豐沛大款」活動主視覺。（照片提供／客家委員會）

抑或每個人未來都會成為祖先，因此我們該為每個當下的自己戰鬥；《樂土》談論女性的祖先是否能入宗祠；《埔之內》講的是內埔，它是六堆的縮影，所有衝突與和解的總和；《天河通地頓物語》是講竹田，它是河運與鐵路交會之處，過去是貨物的聚集地；《阿莉莉找魚記》是一個發生在五溝水，可以流動的聚落中，小女孩找魚的故事；《頭擺頭擺，伯公講》是談神人關係，天上的伯公假裝成風水先生下凡，以神的視角，觀看地上的居民。

我們還曾進庄頭跟媽祖喬檔期，因為不知道劇場檔期跟媽祖生日同天是否合宜，剛好執行製作是媽祖的義女，於是讓她去問、擲筊，結論是我們照原本的檔期演，但媽祖希望祂生日時我們回來看祂。演出時，我們也得到了媽祖的幫助，因為怕天氣很熱，觀眾不想出門，但在演出前一刻，突然有烏雲飄過來，擋在觀眾上方，戲一演完就出太陽。在萬巒演交工戲時，天氣預報說降雨機率很高，所以我們就搬去五溝國小的風雨操場，本來太陽很大，演到演員說：「你知道為什麼你爸要學八音嗎？就是當年祭河江的時候，下了一場大雨」，就在這時下起大雨，這段演完雨就停了，讓我們覺得

庄頭的神明有跟我們一起參與演出。美濃慈聖宮的廟公在我們演出後，有問我們何時會再去？好像我們在演庄頭的酬神戲，變成他們期待固定時間會出現的人。

庄頭劇場結束後，劇團與在地居民都有得到雙向的收穫：對劇團來說，提升創作能量、對文史的理解、對客語環境的親近，也脫去許多對客家的成見；對在地居民而言，能在公平的平臺對話，產生在地意識把自己的東西帶出去，甚至開始著手未來的深根計畫。另外，當我們再次展演，它就成為歷史的立體教材。

跟大家分享個想法叫「傘下的客家人」，這個說法來自曾鼎凱父子。客家人一直流離失所，出門時會帶三樣東西：碗、種子、雨傘，碗能喝水吃飯，種子能落地生根，傘在雨天能保護家人，收起來能成為防衛武器，有難時撐開傘，很多人能一同站在傘下，因此它是一個資源，但大家會想，那傘夠不夠大呢？傘外的人呢？是否傘外的人覺得這事與我無關，或傘站不下？我是不是要再去開一把傘？傘跟傘的中間，是不是有很多人顧不到？如果有一天傘收起來了，客家是否還存在？我覺得客家所謂的山頭林立或有封閉性，其實都是由「傘」的概念延伸而來。

陳美禎：現在請現場觀眾提供一些回饋。

為何沒人看見？一起想想辦法吧

羅仕龍：我來自新竹關西的羅屋書院。羅屋書院房子裡的石雕、木雕、泥塑、磚雕、剪黏、前面整片的稻田、附近的東安橋都很美。客家象徵一種生活風格，有歷史脈絡、元素傳承，它是累積而來的，再結合現代的概念與構想。客家不管是音樂、建築、土地，都很自然的在我們生活中，這就是美。無論是浪漫台三線藝

術季，還是庄頭劇場，最重要是能讓它延續成為生活的一部分，透過這些計畫或機會，再撿回自己的語言、文化元素，去認識、深耕再發揚，期待種下的種子在後世慢慢開展發芽。

施懿倫：我是客家公共傳播基金會的施懿倫。談客家美學，我有很深的感觸，我做客家這麼多年，從最早的「花布靚靚──客家女性生活美學展」開始，客家走到現在，很多美學沒走出去，還在花布、藍衫、油紙傘。許多做設計的人，講到客家，都侷限在某些規範、元素裡，不敢做讓人眼睛為之一亮的設計。我覺得客家美學這件事，大家還是要想想辦法，剛剛看到很多很棒的設計，但很奇怪年輕人都沒看見。

陳美禎：20年來所謂的客家美學就是那些固定元素，因為客家人的長相模樣、穿著都跟大家一樣，語言則是很重要的族群認同標誌，但當沒有語言時，如何讓其他族群認識客家的特色？一定要有很刻板、基本的圖騰？任何標案都有評審委員，到底是創作者眼界不夠開闊限制了最後的呈現？還是評審委員個人的美學限制了成果？景亭，從設計師的角度，你怎麼看這件事？

徐景亭：每個計畫都有目的性，業主是否有提供較大的空間給創作？如果很制式，必然會有不同的畫面。關於客家，我更期待，不只因為有某些目的性才創作，而是日常就在做這些事。方才永翔分享的新醜風，「醜」也是在一個時代裡，提出對這個現象的反思，日本人很拘謹，因此他們要反抗，若推到社會觀察或文化面有這層內涵。我爸爸過世前還在當醫師，假日去臺中和平時有醫療車，設計有沒有可能去到很多地方？我一直在思考客家人的流浪，也許是喜歡冒險，這也能代表客家人。後來策了茶的展，做了類似迴轉臺的展現，中間的軌道放了不同形式的茶，能不分派系、以茶會友、彼此交流，茶跳脫傳統認知，也能從冰塊、冰淇淋、巧克力、啤酒

發想，給年輕人不同的觀感，當他們看完展走出去，能重新定義茶。客家是什麼？答案應該讓觀看者自己找。我們在三重做了「MMSS工開廠所：打開工廠」，想翻轉大家對三重的印象，從博物館可以切出不同的面向。回到設計有點、線、面、體，現在的客家有很多「點」，怎麼連出一個線，最後出現「面」？

宋國鼎：我現在是苗栗縣議員，作為政治工作者，是文化的門外漢，我也許能從苗栗的狀況回應文化的脈絡。這幾年講到苗栗，有一些較負面的刻板印象，連在地人看苗栗也是這樣，這顯現在很多在地年輕人，學生時代以離開苗栗為目標，以不回到苗栗為出社會後的目標。政治的狀況，讓年輕人對這邊的願景跟未來產生質疑，客家大縣頓失生命力，是非常遺憾的事。太多地方上的文化政策，是透過單點撒錢的方式，第一線文化工作者無力面對這樣的狀況，甚至在整個過程中，文化工作者成為生態鏈裡相對不重要的一環。我個人的想法是「參詳」很重要，我們必須凝聚年輕人的希望，才有可能為苗栗帶來新樣貌。

陳美禎：阿國從大學就在寶島客家電臺主持節目，現在是苗栗返鄉青年，做相關的文化工作，你也是資深的媒體人，你對在地的文化政策的觀察是什麼？

黃國虔：到底客家是什麼？除了語言外，現代客家人很難被區分出來，客家的符碼都是被討論出來的。我曾在大公司上班，也找過藝術家做案子，通常最後藝術家的點子能否被呈現，或確實完整的呈現，取決於老闆，老闆若喜歡，幾千萬都隨便，老闆不喜歡哪怕幾十萬都覺得醜。就我的觀察，這些年來，客家好像試圖要從質化轉成量化，因為量化才能證明成功，可以拿到更多錢，在量化的過程中，很容易把原本的質弄不見了。

陳美禎：我們請廖處長回應一下，這種文化政策在地方執行的生態，最後產生的結果並非大家樂見的，客委會出錢後，有辦法再去要求嗎？

廖美玲：得到補助的可能是社團本身，或在地組織，有時是地方政府來提案，一般政府機關會透過採購程序，交給廠商舉辦。現在客家委員會希望能改變藝文活動推動、執行的方式，轉型打造、累積地方上的藝文能量。未來很希望在地有文化意識、具藝術專長，或有興趣參與的人能動員，自己規劃，邀請專家駐村、蹲點，與地方共同討論。

陳美禎：從最早各地方的社教館到文化中心，整個政府對文化的治理觀念有所改變，來到文建會時，有社區總體營造，也為後來的客委會在地方庄頭裡所做的工作積累了很深的土壤，但還遠遠不夠。很多客委會主導的大型活動，也許帶著某種理想和情懷，但地方上經過20年還沒辦法以自己的能力策動大型活動，我想需要更多的培力與年輕人加入。

延伸
閱讀

六堆庄頭劇場

「六堆庄頭劇場── NEXT300，尋找六堆 DNA」由客家委員會、高雄市政府與屏東縣政府於2022年主辦，是「六堆300豐沛大款」慶典的壓軸活動，邀請專業劇團與當地居民一同演出《樂土》、《菝葉飯》、《關》、《八音 Reunion》、《火燒庄──肉身·英雄》、《埔之內》、《天河通地頓物語》、《阿莉莉找魚記》和《頭擺頭擺，伯公講》等九齣劇本，由九個專業劇團、九組在地文化體驗團隊、26場沉浸式劇場組成，演出地區包含先峰堆、後堆、中堆、前堆、右堆與左堆。主軸緊扣「聚集」，從日常歲時歸納到共同開墾集資，串聯傳說故事與現代發展，詮釋、探詢並轉譯六堆客庄。圖為《火燒庄──肉身·英雄》照片。（照片提供／客家委員會）

客家建築當代性vs庄園

時　　間：2022 年 7 月 30 日（六）下午 14:00 至 16:00

地　　點：左轉有書（臺北市中正區鎮江街 3-1 號）

召 集 人：

　　　　張 典 婉／資深媒體人

與 談 人：

　　　　阮 慶 岳／小說家、建築師、評論家與策展人

　　　　翁 美 珍／南庄山芙蓉園主

　　　　廖 偉 立／建築師

　　　　謝 英 俊／建築師

記錄整理：張簡敏希

攝　　影：汪 正 翔

鍾永豐：最後一場沙龍邀請到我最尊敬的大建築師謝英俊，對我而言意義重大，1992到1999年，他在美濃有兩個案子：福安國小和美濃客家文物館，當時他將建築事務所設在美濃，我們會煮飯給他們吃，並討論客家傳統建築及當代建築結合的可能性。對我個人來說，謝建築師是我參與客家當代公共事務很重要的起點。

張典婉：今天的與談人都有斜槓，阮慶岳老師最近出了兩本書，他的小說得過很多獎；謝英俊老師很會做飯；廖偉立建築師除了寫作，還很會畫畫，在藝術方面有很大的成就。時間交給謝英俊建築師。

認同腳下這塊地，這不是原鄉，它需要創新

謝英俊：這是我近30年來的建築經驗，我也不知道為什麼我會做客家建築，但找上我的都是很難的工作。「當代性」的意思是現代，在這個時間點、這個土地上，如何思考客家建築？我提出三個經驗：首先是「陌生化」，這是形式主義的用詞，雖然我們改變了傳統的東西，但我們要把持住那條線，要有關聯；再者是客家人常說的「日久他鄉是故鄉」，歷經遷移我們始終對原鄉有情感，但當我們去到新的地方，最後此地也會成為我們的故

謝英俊

建築師，長年致力於生態農房研發與建設工作，秉持社區居民「協力造屋」及「可持續建築」的原則，結合科學方法，深刻地將「社會」、「文化」、「經濟」條件融入，以就地取材、低成本、適用技術以及建立開放式構造體系的作為，讓社區居民和農民也能參與符合綠色環保的現代化家屋興建。

鄉，我們會調整自己，這中間會有很多創新的想法；最後是「匱乏」，客家人住在山區，這是宿命，在這種情況下如何與新觀念結合？我們不會永遠富有，地球不斷被破壞，客家人在貧困的山區所培養出來的精神，就是永續的觀念。先來看原鄉與美濃現在的房子，及美濃客家文物館，我們現在做的與傳統有很多差異，功能、型態、客觀條件、社會條件都不同，要如何創新又與傳統有所關聯？在提陌生化時，連接是很重要的，如現代「合院」的材料、色彩都不一樣，但與傳統建築仍有所關聯。形式主義思論所講的語脈、思緒的轉變會有新的境界，交大客家學院的建築也是這個概念，你要認同腳下這塊地，這不是原鄉，它需要創新。

我第一個作品「豐原謝宅」，是我父母的住所，豐原都是地下工廠，很吵，也有違章建築，看起來不太安全，所以我沒有做窗戶，但通風、光線都照顧得很好，住在裡面很安心，與圓樓的感覺很像，我們對這片土地要有新的看法，在現實中求取最適當的生活方式。六堆客家文化園區在屏東，而屏東以前有個說法是「阿猴林，大樹蔽天」，大樹茂密，都是熱帶雨林，後來因人為開墾而變得光禿禿，無法種植，所以我用紙傘創造一個雨林的遮蔽，為大地遮陰打傘。六堆強調社區參與，裡面有很多特色產業開放民間發揮，社區的活力才會出現。以前我們用土牆保護自己，現在要用綠色植物保護環境。

北歐有一個少數民族「薩米族」，他們說他們的文化源自於匱乏，所以在北歐有很多建築都做得很精簡，就是延續匱乏的精神，而客家人也都住在匱乏的地方。過去臺北客家文化園區改變了很多次，整修花了很多錢，還是不好用，當時客家當代藝術館要拆掉，但使用年限未到，不能拆，本來是9.6億，砍到剩兩億，這些錢只能拿來拉皮與補漏水，這個都市景觀我們就採取一個策略，幫它戴個斗笠，再遮個棚子，不會淋到雨又能綠化，看起來較舒爽。棚子搭起來後，辦活動就不會太熱，活動空

2010年，屏東六堆客家文化園區植栽牆。（照片提供／謝英俊建築師事務所）

2012年，屏東六堆客家文化園區。（照片提供／謝英俊建築師事務所）

間也較大，人們才依很得住，跟市民才有關係。也幫伯公廟搭個棚子，敬拜的人也因此變多了。起初當代藝術館在設計時，沒有很好的展示空間，這是技術問題，它類似危樓，所以我們用四個大的組合柱拉上來，不增加它的負荷，搭出大的展示空間，其他的鋼架都能回收，若有需要能再利用，這就是循環經濟。

我看到遠方彎彎曲曲的山崙，就像我對你的相思

廖偉立：我覺得一個建築師，作品最後的呈現與他的成長過程，及他對生存的世界的覺知與回應有關。我父親是頭份人，後來在苗栗通霄跟我母親結婚，是當地的記者，但因為他的理念跟想法與政府不合，在我出生前就跑路了，所以我不會講客語，但有一半的客家血統。身為建築師當然是用作品來呈現客家這件事，我對客家的情感，就引用七等生的小說《思慕微微》形容，並透過兩個案子來說明：陳板工作室及苗栗客家文學館。陳板是我很好的朋友，他在竹北有個小房子，

廖偉立

立·建築師事務所主持人。美國南加州建築學院（ACI-ARC）建築碩士。其建築作品多位於臺灣中西部，尤以「橋」、「教堂」、「美術館」系列最為著名。代表作品為桃園東眼山公廁、彰化王功生態景觀橋、北港天空之橋、臺中救恩之光教會、礁溪長老教會、臺南德光長老教會、南投毓繡美術館等。

結果弄完了，他說他沒錢蓋，這案子就變成了紙上建築。此外，這幾年我在苗栗有一個客家文學花園與文學館正在進行。

我創作一首詩形容故鄉：

「我看到遠方彎彎曲曲的山崙／就像我對你的相思／這麼遠／這麼溫馴／啊！我的愛人／對你的相思就像漂泊的帆船／駛往大海／駛往你的靈魂／你若有了解／想你的時分／就像是深溪流水／不知是愛是恨」

這是我對故鄉或客家的情感狀態。時間會影響空間、場域的變化，過去是歷史性，現在是當代性，未來是未來性。客家過去有「移民性」，因地制宜、就地取材，就會有土、石、磚；接著因為被欺負會較團結，形成「群聚性」、防禦、排外，因此出現圍樓與圍龍屋等；此外客家建築有「儀式性」，注重尊卑長幼與風水，如半月池、化胎等；還有「生活性」，這跟農業時代有關，因此有禾埕、天井等；最後是「中心性」與「對稱性」，講求天人合一，如上堂、中堂、下堂、橫屋、夥房等。因時代的改變，儀式或符號慢慢會被拒絕，這跟現代主義的興起有關。傳統有許多過去與當代的串聯，辯證式的當代性因而成為不合時宜的行動，我們試圖藉著某種相關的過去，出乎意料的顯現過去、重啟未來，那現在發生的一切就是當代性嗎？在不同的地域、狀態、族群都有不同的當代性，所以我覺得時間與歷史是難以切割及定義的。

陳板老師是文史工作者，他家在竹北六家庄的一個長條街屋，這是阮慶岳對這個案子的評論：「『陳板自宅』對客家文化的解釋，就顯得較具生活性與詩意美感，脫離掉對文化傳統形式上的揣摩，也使得設計者似乎得以從容自在的進入基地的真實個性裡，例如依使用者記憶與生活特質而生的觀星、看山、走田埂空間，就顯得堅實感且具說服力，廖偉立對此案材料選用的說辭，也顯得堅定自信：『柱、梁、版不是混成一團灌出來的。型鋼說的是頂天立地的故事；空心磚說的是遮風避雨的故事。兩者可以混成一談，但彼此清清楚楚。』材料可以脫離掉文化延續下的傳統，自信的

以設計者的抉擇為依歸，毋寧是叫人欣喜的。」

這個案子因為基地非常狹窄，我將它一分為二，前面是工作室，後面是住宅，有點像客家農夫日出而做，日落而歸，中間暗示著田埂。整個房子跟大自然產生關係，跟每天的生活行為互動。大廳是廳下的概念，上面是圖書室，材料很樸素，用水泥空心磚與簡易的鋼構撐起來，主臥室的浴室很奢侈的有個能看到與天空連接的地方，但又很私密。我創造了很多廊道，在空間內可居、可遊、可望，並將光、風整合在一起。有些客家符號已經不見了，以一個作者對客家空間、對業主的了解，把因地制宜、就地取材的概念延伸出來，從空間氛圍能感受到精神的狀態，不一定要有很清楚的符號。

2022 年，苗栗客家文學館手繪草圖。（照片提供／廖偉立）

2022 年，苗栗客家文學館建築模型。（照片提供／廖偉立）

再來是苗栗客家文學館，這是一個河階地，南、北邊的山巒——關刀山與龍船山形成牛鬥峽谷。我認為它是一個地景建築，我以大棚架的概念，讓房子飄浮起來，形成客船落在河階地的意象，讓我想到李白的〈早發白帝城〉：「朝辭白帝彩雲間，千

里江陵一日還。兩岸猿聲啼不住，輕舟已過萬重山。」河階地所形成一樓的開闊空間，又可符合這裡的氣候與狀態，我對客家文學館組構的方式，從河階地、山巒、客家人在山區行走的狀態，形成牆，空間的形式慢慢在這轉換，然後整個花園是非常野生的，將屬於客家類的植物放進去，另外還有作家工坊，有點像美國愛荷華，有一個作家交流的空間。一樓都挑空用木構，有一條路徑能穿越，後面有三個隱藏在土丘下的文學家的展示館，從一樓大廳到二樓，就像穿越在客家的山城中。整個房子後面加了一層玻璃，希望它更輕量化、漂浮。

我會為每個作品寫一首詩，以詮釋我的想法：

〈客家花園〉

「馳騁丘陵的族群／逐漸善於平地的追逐／樸素、勤儉、刻苦、耐勞／硬頸的客家人／有著堅強的移民性、適應性與開放性／隨著時代的遞變／空間的轉換／漂泊的客船／橫越黑水溝／進入／由龍船山與關刀山所形成的關口——牛鬥峽谷／停泊／出礦坑與後龍溪旁的河階地／與基地兩側／延綿不盡的山巒和土地平衡下形成的水塘／不斷／對話／客船般的文學館半透明地飛翔於林梢／地面的半戶外空間與文學花園連結／形成遮陽避雨的多用途的活動場所／把河階地與山巒行進的空間體驗／抽象轉換成文學館與文學花園的展示特色／藉著空間形成與身體的五感—視覺、聽覺、嗅覺、味覺與觸覺／相互感動與覺醒／覺知客家文學的真實與核心」

希望這個展覽空間以後能與文學、建築、藝術、客家對話。我想上天給每個人的禮物都不同，也有不同的使命，我們都希望臺灣這塊土地，在這樣的時間軸上有很好的呈現。

不只是把土樓的形式、符號承襲或沿用

阮慶岳：40 幾年前，謝英俊、廖偉立和我是淡江前後期的學長、學弟。廖偉立曾很豪氣的說：「阮慶岳，等你老了，我一定給你設計一棟房子。」我現在已經老了，偉立能實踐諾言了。謝英俊是臺灣建築界裡，積累最完整對客家建築操作經驗的人。在臺灣，符號性跟象徵性的彰顯太高，普遍會被放進文化性或公務性的建築，幾乎不會被放進常民建築中，它們像是符號的表彰，不能跟真實生活結合。

阮慶岳

小說家、建築師、評論家與策展人，為美國及臺灣的執照建築師，元智大學藝術與設計系教授退休。著作有文學類《山徑躊躇》及建築類《弱建築》等 30 餘本，曾獲臺灣文學獎散文首獎及小說推薦獎、巫永福文學獎、臺北文學獎、2009 年亞洲曼氏文學獎入圍，2012 年第三屆中國建築傳媒獎建築評論獎，2015 年中華民國傑出建築師獎。

我分享一個案例是深圳的「URBANUS 都市實踐」團隊，他們在十幾年前用客家土樓，做了「土樓公舍」。2008 年，他們在紐約的博物館推出《個展・土樓──中國的低收入住宅》，強調他們不只是把土樓的形式、符號承襲或沿用，而是對土樓的空間再創造，賦予現代性的意義與實用性。他們將新的土樓植入當代城市，利用城市發展的過程中，遺留的閒散土地，解決都市進程中產生的居住問題。《紐約時報》曾評論：「『都市實踐』將土樓植入毫無生氣的高樓世界，有著強力的象徵意義，並暗隱著抵禦現代掠奪者的姿態。」這些土樓在 2008 年的世界遺產大會上，被列為《世界遺產名錄》。同年由「都市實踐」設計，萬科集團開發的以福建土樓為原型的新型廉租公寓，在廣州萬科四

季花城落成，引起租客的熱烈反應。土樓是客家人遷入福建山區定居，逐漸發展出來的居住模式，傳承傳統院落住宅，以家族為單位的居住組織，有著清晰的等級制度，及公私空間的合理分布，圍樓內不只居住還能生產，是可自給自足的社區，為環保再回收的觀念。在現代城市的發展中，生產、消費、分解會愈來愈被脫離。圓樓是非常內向性的空間形式，具有防衛的色彩，

2008 年，紐約庫伯休伊特博物館，《個展‧土樓──中國的低收入住宅》。（照片來源／阮慶岳，經同意後摘錄自 URBANUS 都市實踐公司網頁）

向心的布局在社會組織有社會交往的優勢，強化了中心跟家族的權利，易與封閉、等級、強權的概念聯想在一起，也被認為跟自然環境採取分離和對抗的姿態，一般被認為具有反城市的傾向，其實仔細看並不必然。新型態土樓是小型配套完整的社區，沒有階級差異，為打破土樓的封閉性，外牆開窗、底層開放，鼓勵對外交流，並要做到低造價、不低品質。

他們做了一些體量研究與分析，讓它適合在都市形成自足的完整體，這個做法還是需要政府找地，能以優惠的地價由開發商介入開發與管理，再交由居住者。土樓公舍仍堅持使用圓形，因為他們認為環廊產生的放射性，具有現代居住模式的使用性，且土樓本身有公共空間的凝聚力，是現代空間較缺乏的價值，此外圓形表面的受光面大，有利於小單位的居住品質，我們能看到裡面真正使用的狀態。比較有趣的想法是，他們不認為這是只能代表符號、象徵，或文化性的建築，而是能變成普遍性的住宅型態，這種社群性、集體性更提供現代都市共同的需求。這個計畫中，

三位建築師都不是客家人，是在美國念書時的同學，回到中國後決定從深圳發展，並開始對地區文化跟客家文化感興趣。他們最近在做深圳建築雙年展，在深圳附近發掘了不是土樓的平常客家聚落，正往這個方向做研究。

沒落的時候，
正是你準備起飛的時候

翁美珍：我曾在臺中工作一段時間，常掛念家裡的兩位老人家，想著要回家鄉照顧他們，29歲時帶著兩個孩子回到山上時，很多朋友會問我要以什麼維生？我說：「憑我是客家妹的勤奮精神，我一定不會餓肚子。」這是我對自己的信念，我很感恩祖上有德，讓我回去的這段日子不用為經濟擔心。我家是我爸爸自己建的三合院，我也想學我

翁美珍

南庄山芙蓉園主。曾擔任南庄觀光產業協會理事長，任內致力推動南庄商圈。自小生活在鄉間，受到周邊植物啟發甚深。孩童時期，破舊鍋碗瓢盆就是她的容器，野花野草成了她的素材。

爸爸自己蓋房子，打造自己想居住的環境，剛好我有一個國小同學是原住民，他送我一卡車木柴當禮物，隔年我就開始蓋第一棟木造房，此外許多材料都是去跟人家要來的。剛剛謝建築師說到「匱乏」，我就是在匱乏的經濟條件下，產生許多很好的想法。四年後，我覺得這房子不夠大，又蓋了一間，幾年後因為做陶藝，我又用磚頭蓋了一間工作室。以前鄉下的咖啡館不那麼盛行，那時陶友會來找我，工作室的氣氛不大好，我想創造喝咖啡的生活情境，所以我又打造了一個小小的空間，並開放週末接受遊客來喝咖啡，直到2017年我決定要退休，於是山芙蓉咖啡館就休園了。

我回到南庄時生活條件是非常匱乏的，家庭結構也不完整，隔代教養，老人與小孩留在鄉下，年輕人都出去打拚，所以我就提倡一個概念：「沒落的力量」，與「匱乏所引起的創作力」，也就是因為南庄的沒落，才會造成現在南庄的繁榮，沒落的時候，正是你準備起飛的時候。因為居住的環境，我從小就對園藝感興趣，學齡前後，我開始會把家裡的容器拿來種花，我爸爸常唸說這個女兒一天到晚在「拈花惹草」，30年後我爸爸也被我影響，所以美的感受是可以傳遞的，它是人類珍貴的天賦。很多人認為美只存在於高級的領域中，其實「美」就在我們對生活的體現中。庭園與房子一樣，是人類不可缺少的外部生活空間，除了滿足我們對美感的需求外，更重要的是提供我們安適自在的所在。

和諧自然之美的畫面，給予我們視覺及心靈感受的層次，枯藤、落葉、花草、樹木都是美的旋律、自然的音樂，這就是庭園要表達的。植物是庭園的生命，也是構成庭園唯一具有生命力的，植物萌芽、生長、開花、結果、凋謝，在這個演化過程中，人類也是一樣吧！它的繁盛、殘敗使得我們隨之而歡喜、惋惜，植物的變化也讓我們思考生命的意義。庭園是將自然界縮小化、理想化，照這個印象及概念來重新組合，表現在我們的生活中，我對庭園美學沒有很深的理論基礎，只有個人的基本概念。陽明交大客家學院是謝英俊建築師的作品之一，客家學院圓樓旁有個空間，我住在竹北的朋友常在這遛狗，他告訴我學校旁的那裡閒置了三年，我看了之後很讚嘆，那裡非常值得改造，有很大的綠地，周邊很適合大人小孩散步，兩個月後我就進駐了，經過花草的美化後，視覺上完全改變。這個空間現在是小咖啡館「花院子」，在春、秋兩季很好使用，都市裡很難得有這樣的戶外空間，從花院子往外看，有棵柚子樹，在花季時花香四溢。

我的第二個作品是開南大學的花園，因為新校長是我朋友，他覺得學校硬邦邦的，

整個校區雜草叢生，讓人覺得很沒生氣，請我去看看。我們往往忽略了建築外的閒置土地，又沒人能管理，很多工程只有設計、施工的費用，少了後續的維護管理。一個月後，它在我手上轉變，令人完全改觀。第三個介紹的作品是南庄山芙蓉，入口的下方有一個大水池，安全起見，我用植栽將水池圍起來。這是我的咖啡館，謝英俊建築師也去過。我會做這樣的配置是因為去歐洲時，我覺得歐洲人怎麼能生活得這麼優雅？我是在挑戰自己，臺灣有沒有可能也把生活營造得很優雅，其實是可以的。隨著季節變化，植物的表現也不同，因為我們家海拔大概550公尺。第四個是蘇宅，蘇先生移民加拿大，在我家對面買了一塊休閒地，蓋了西式的房子，但他不常來，因為花園很亂，所以我幫他重新配置。第五個作品是位於寶山的五崀捷運辦公室的中庭，整個建築都非常硬，我在很有限的條件下，只能用木頭框表現，把野外的假象放進空間裡，這樣的搭配需要幾個條件，如植物的屬性、線條、色彩，我種了會長高的植物，讓它們以後能長到二樓，這樣辦公的人就能看到綠意。我常說：「建築一年，庭園要十年」，庭園的養成要花很長的時間。我曾跟朋友討論「什麼是臺灣庭園？」我一直在想怎麼用植物來表現臺灣或客家的庭園？

張典婉：我們請現場與會的觀眾提供一些回饋或提問。

徐彩雲：1999年我去福建的土樓，當時剛走進客家領域，回臺灣後，發現臺灣沒有土樓的元素，但謝建築師在設計時，都有客家土樓、圓樓的形式，為何會想把這個想法帶進臺灣？

謝英俊：建築師無法決定所有的事，每個人都有意見，尤其當它變成形式跟符號時，會賦予很多感情在裡面，有些政治正確，也可能變成政治不正確。對設計師來說，我們不否認歷史的感情，我的責任是讓它變成在地化。客家學院過去是林縣長

家的祖產，他們從饒平來，希望能將歷史的感情找回來。那裡有一道很厚的土牆，裡面都是黃土，使用湖口最黏的黏土，收縮膨脹後會裂開，所以我混了點砂石。在交通繁忙的地方，進到建築內會感到很安心，因為土造屋隔音好，能控制濕度又冬暖夏涼，我認為土是最好的建材。臺灣無法完全做得像福建的土樓，因為土是很大的資源，臺灣的土很薄，用土建屋，田會缺土，每個地方都有它的特性。

開南大學的花園，經翁美珍改造後的樣子。（照片提供／翁美珍）

羅仕龍：我返鄉照顧百年的客家三合院「羅屋書院」，我自己想像，客家是否有一種色彩或符碼，一種延續性或延伸性？我們如何講客家這件事？或有沒有明確的意向、元素？

謝英俊：我們回憶過去的時代背景、狀況，跟現代是天壤之別，很難在當代的生活中找到傳統狀態下的東西，在歐洲能看到前現代的東西，但這背後要有文化、美學、價值觀念的認同，你要先問自己認同什麼樣的價值觀念？你身上的價值觀念還剩多少？其他都是形式，不長久、不像樣，所以要回到自己，要從當下比較基礎、根本的方法，跟傳統對接再重新思考，沒辦法簡單的得到符號、象徵，除非回到過去。

廖偉立：我一直認為形式背後會呈現一種意義，但現在不斷在發生。剛剛提到傳統的建築，風土建築師就能呈現你要的意象，但現在的建築師有沒有必要複製？當代性是什麼？客家的現代性現在還在發生，但怎麼延續？我是用不同的符號詮釋客家人的特性，或從歷史對空間經驗的轉譯變成客家的樣貌，有些東西講到符號就是有「有限性」，會被時間拖住，所以我們要突破符號，我覺得假如能用空間形式或氛圍呈現，包容性更大，或許也更能經得起時間的考驗，這沒有對錯，只是你怎麼去發現形式背後隱藏的意義，才不會被特定的形式符號限制。

延伸
閱讀

夥房

夥房又稱「伙房」，指稱一大家族住在一起之意，是客家人居住房子的泛稱，也會以姓氏加上「屋」表示某姓家族的居所，如鍾屋、潘屋等。夥房的建築形式包含「一條龍」、「單伸手」（L型）、「三合院」、「四合院」、「圍屋」等五種，由「正身」與「橫屋」組成，並以「進」來形容正身的數量，比如「口」字型的四合院是「二進一院」。「屋」外還有「禾坪」、「化胎」等戶外空間。客家夥房廳堂上書姓氏堂號，如「穎川堂」（鍾姓）、「隴西堂」（李姓），部分「堂」會置於中間，如「穎堂川」。圖為吳濁流故居。（照片提供／文訊文藝資料中心）

客家飲食
新詮釋

地球上的人類不斷增長，糧食的供應將是個大議題。2022年7月28日，當年的地球資源已耗盡，進入超載日，意味著人類社會必須有1.75個地球資源才足以應付70億人口的需求。

多年參與食物銀行工作的認知，全球被浪費的食物加起來，足以餵飽處於飢餓狀態的8.5億的三倍人口。自己因而不斷思考飲食的永續問題，而長期經歷離散的客家族群的飲食則深具不浪費食材的永續精神。

客家人採適地適種、物盡其用，盡量不浪費大地所生產的食材，運用各種方法保存食物，已經過日月精華轉換過的保存食材增添烹調的風味，不僅僅是適口下飯而已，更讓食物被充分運用，而其不過度烹調、不浪費食物的「吃粗、吃雜、吃野」，盡量吃原味，尤其符合永續概念。

我想像的客家菜，這種具備永續精神的飲食譜系應該更被發揚光大，不僅能成為世人皆知皆愛吃的飲食譜系，其保存食物的方法與精神也能夠更加普及化。
然而，印象中的客家菜被認為是「鹹香油」，過鹹過油，都非現今人喜歡的飲食質地，保留傳統客家菜的精神，不破壞其風味之下，食材經過日曬風乾醃漬的客家菜有沒有機會成為各世代特別是年輕世代所青睞的飲食譜系？這系列的策展不斷耙梳這些思路，也邀請年輕一輩的西菜主廚，從客家菜的理路脈絡裡，尋出有依據卻是創新的烹調手路。

客家菜能否成為一種具文化擔當角色的譜系，勢必要經過更多的執行修正操作甚至論述，這系列的策展也才是剛開始的拋磚引玉，前路還遙遙，但如何永續，已是迫在眉睫的人類世大議題。

召集人

客家菜能否作為國家代表隊？

時　　間：2021 年 11 月 6 日（六）14:00 至 16:00
地　　點：左轉有書（臺北市中正區鎮江街 3-1 號）
召 集 人：
　　　　　古 碧 玲／《上下游副刊》總編輯
與 談 人：
　　　　　夏 惠 汶／開平餐飲學校創辦人
　　　　　陳 淑 華／飲食田野作家
　　　　　曾 齡 儀／臺北醫學大學通識教育中心副教授
　　　　　黃 湘 絨／野草吧主廚
　　　　　鍾 怡 彥／國立中央大學兼任助理教授
記錄整理：張簡敏希
攝　　影：汪 正 翔

古碧玲：此次談客家飲食的新詮釋。將題目訂為「客家菜能否作為國家代表隊？」先請總召集人鍾永豐，分享如何構思本次沙龍。

鍾永豐：「參詳」從很多面向來談客家進一步的發展，其中不能不提飲食，但過去很少用臺灣整體飲食研究與觀點來談客家。這次邀請《上下游副刊》的碧玲總編輯來談飲食。她做很多農業與飲食文化的研究，也認識很多這方面的專家。接下來交給碧玲與各位貴賓。

古碧玲：先介紹與談的老師們。夏惠汶院士培養了眾多餐飲界優秀的學生。陳淑華老師著有《灶邊煮語》。曾齡儀老師是臺北醫學大學通識中心的副教授，主攻飲食史的研究，尤其是移民飲食史。以及同樣做飲食史研究的郭忠豪老師，郭老師有開 podcast「台灣話台灣味」。黃湘絨主廚 Bee，她媽媽在竹南開了一家客家麵店，她很多創

古碧玲

資深文化媒體人，現為《上下游副刊》總編輯，透過副刊的編輯，挖掘作者耕耘一方字園，書寫飲食、生態與農林漁牧等散文與報導；亦透過「台灣全民食物銀行協會」理事長一職，投身於珍食、土地、永續循環等倡議。（照片提供／古碧玲）

參詳沙龍現場。

作素材都來自家人。鍾怡彥老師是鍾理和先生的孫女，特別著力於客家飲食研究。

為什麼全世界都認識泰國菜？以前泰國菜便宜、廉價，但現在它可以很高級，也能很親民。這與國家作為有關，從各方面都有一套完整的系統，以至於泰國飲食乘載了許多文化。臺灣的飲食文化本就是經由不同的文化混合交織，先請湘絨介紹她今天帶來的食物。

黃湘絨：這上面是客家酸菜炒豬絞肉，客家人的冰箱基本上都會有一罐酸菜，今天的酸菜是我媽媽炒的。下面是Camembert起司，使用了兩種醬汁，黃色的是客家桔醬，黑色的是義大利的Balsamic醋，兩種都帶點酸味，搭配起司跟酸菜豬絞肉吃會非常清爽。

黃湘絨帶來的料理。

古碧玲：感覺唾液已經開始分泌了，謝謝 Bee 的介紹。我們先請淑華分享。

熰湯粢和烰菜，來吃一桌客家菜吧

陳淑華：原先都寫我媽媽的餐桌，以及家鄉──彰化的小食記。有次剛好認識客家攝影家──邱德雲先生，在他的餐桌吃飯時，我很好奇，客家餐桌跟我家的餐桌有什麼差別？「熰湯粢」，就是牛汶水，但「熰」是什麼意思？還有「烰菜」，烰菜是中元節或過年會炸的蔬菜，就是天婦羅。讓我想到「糤菜糤」。烰菜由動詞加上菜成為名詞，閩南語的則是「菜糤」，好有意思！於是就想從兩者的烹調動詞，找尋兩個族群間的飲食差異。最早從邱德雲先生家作為主要採訪

陳淑華

飲食田野作家，曾藉雜誌的採訪工作深入各地田野，接近各種不同地域的族群，了解他們的生活與文化。近年喜歡透過一些日常被忽略的事物，特別是食物，重新發現生活的可能性。著有《島嶼的餐桌》、《彰化小食記》、《灶邊煮語》等。

對象，之後認識了楊娉育與張正揚，讓我去找美濃一位邱國源大師，還去到六堆屏東內埔。再透過王昭華介紹一些閩南家庭。寫了《灶邊煮語──台灣閩客料理的對話》，最後呈現的閩、客語動詞大概有 100 多種，菜式大概有 200 多道，但這只是冰山一角而已。

分享三個部分，第一是水煮，早期常聽客委會說「四炆四炒」，但他們說南部根本沒

有四炆四炒。從這裡去對應與「炆」貼近的閩南詞彙。第二是「封」，講客家封肉與閩南封肉的異同。第三要講閩南人與客家人習慣的料理手法。

鍾永豐：美濃的寫法，我們不會用「炆」，我們會用「燜」。

陳淑華：使用的動詞與手法，可能會影響用火和最後產生的口感。「炆」對應閩南語，有燜和炕。現在彰化很流行「炕肉」，以前我媽媽都會說「燜」豬肉。我家只會在過年時說「炕長年菜」、「炕豬腳」，「炕」特別針對一些像長年菜，芥菜質地較粗較硬的食材。閩南語中的「燜」跟「炕」有些火力和時間的差別。我去查傳教士做的《廈英大辭典》與日本人做的《臺日大辭典》，裡面提到燜是只要燜到出味，炕則是要炕到爛，相對要花較長的時間慢煮。而客語的炆則是從小火慢煮到沒火為止，最後甚至用餘溫煮，一直煮到客語說的「綿綿」或「酪酪」。

鍾怡彥：南部多是說「綿」，北部說「酪」，就是軟爛的意思。

陳淑華：像閩南語中有「糗」（音似Q，彈性之意），如「燜到爛或炕到爛，爛中要帶糗」。現在跟客家朋友聊天，他們也會用「糗」這個詞，但客語不管用哪個動作煮，炆，煠，熬或燉等，最後都要求綿綿或酪酪，這是兩個族群用火的差異。

第二要講「封」，閩南人也有封肉。廈門同安的名產是同安封肉。《廈英大辭典》竟然也有出現「封」，把肉放到甕裡，然後挖土把甕封到土中慢火去封，原來早先有較傳統的手法。臺灣閩南人的方法是「燖」，先炒過、熬過糖水再加到甕裡，隔水加熱蒸。美濃則是用大鍋封，過年還會有封雞、封鴨、封高麗菜、封冬瓜，全都封在一起。很訝異竟然「封」到這樣的極致。

所謂客家菜，我覺得客家小炒或客家什麼，都很籠統、很刻板。雖然我們說以前客家菜很鹹、很油，可你若注意它的手法，會發現有些手法很適合現代，客家傳統的手法較少用炸，油炸的，常用蒸，像閩南人過年會炸肉丸仔，客家人則喜用蒸的，蒸肉圓。客家人也擅用小火餘溫，炆豬肉、封肉都是，現在我們也流行低溫烹飪。如果抓到料理手法中隱藏的文化內涵，或許就不會被類似「客家湯圓」，這種外在的「客家」兩個字影響，而看不到其手法的精神。

古碧玲：客家菜會因地域不同，呈現不同的飲食文化與烹調手法。一般所提及的鹹香油，與吃粗、吃野、吃雜，這是很籠統的概念。接下來請怡彥老師分享。

這就是飲食記憶，屬於媽媽的味道

鍾怡彥：過年的餐桌上，很多年菜都是從同一鍋大封中出來的。大封要很多肉才會香，很不好煮，所以只有過年才會炆。這是族群飲食記憶，若味道不對就知道它不道地，這些已深植在記憶裡。客家族群以米為主，芋頭、地瓜為輔，菜多是山珍，不太常料理魚。重實際、輕形式，料理沒有裝飾，重原味、不複雜，調味料用最多的是醬油。主要是吃野、吃粗、吃雜，因為客家媽媽們很忙，必須快點吃飽去工作。而米食文化，就是所謂的「粄」。

鍾鐵民〈家園〉：「客家人早上習慣吃乾飯，特別在農忙期間，早餐一定要飽足才有氣力工作，十點前後還要補充一頓點心。」

再來是醃漬物，以前生活不安定，就會把食材醃起來，有三種保存方法──曬乾、醃漬、醬漬。像美濃的白玉蘿蔔在十二月採收時，整個城鎮都是曬蘿蔔乾的味道。

鍾鐵民〈蘿蔔嫂〉：「除開綿綿的醬蘿蔔以外，蘿蔔絲、蘿蔔角、蘿蔔乾，他家中一切蘿蔔製成的食品都齊全，打開櫃子到處都可以聞得到濃郁的蘿蔔香，連蘿蔔苗都醃製曬乾成為桌上的佳餚。」

鍾怡彥

國立中央大學文學博士，現為中央大學中國文學系兼任助理教授。著有碩士論文《鍾理和文學語言研究》、博士論文《美濃作家的在地書寫研究》等，關心且創作、研究客家飲食書寫。生於高雄美濃，祖父鍾理和、父親鍾鐵民同為臺灣文學作家。

用蘿蔔葉做成蘿蔔苗，再以蘿蔔苗燉肉，是家中很常吃的一道菜。文中寫道：「當她閃身而過的時候，他的鼻尖嗅到空氣中飄過一股醃乾蘿蔔苗的淡淡的清香。而他最愛吃的就是母親所做的蘿蔔苗燉肉，所以印象十分深刻。看著她頭也不回遠去的姿影，心中竟有著些微的惆悵。」

製作方式是將蘿蔔葉切下，撒鹽軟化，再用石頭重壓，慢慢會有酸酸的香味，之後要一片片清洗乾淨，洗完先曬一、兩天，有些縮水後切成差不多一到兩公分，接著蓋網子曝曬到完全乾。若要做蘿蔔苗燉肉，就將絞肉調味好、鋪好，把蘿

鍾怡彥帶來的蘿蔔絲、蘿蔔苗、老蘿蔔乾。

葡苗撒在上面就可以了。這就是飲食記憶，屬於媽媽的味道。

古碧玲：客家人所有東西都能自給自足，我以前覺得大概只有鹽，後來才知客家人還用「羅氏鹽膚木」。客家人的飲食變遷跟遷移有關，那就請齡儀來談客家飲食。

跟著「吃」旅行，尋訪食物背後的歷史脈絡

曾齡儀：我出了本書《沙茶》，因為是歷史學家，對人的移動很感興趣，其過程中一定要吃，人、移民、食物之間的關係是我研究的焦點。有次去高雄鹽埕區，發現小範圍內，能看到四、五間廣東汕頭沙茶牛肉爐，當時很驚訝，「沙茶」跟汕頭有什麼關係？因此開啟研究旅程。

「客家菜能不能成為代表隊？」其實是在問它能不能成為臺灣菜的一種。背後反映著我們需要讓飲食提升到有論述。
如果沒有1987年的解嚴、民主化運動，與後來一連串的還我母語運動，還有2001年成立的客委會，不管是客家話還是閩南語都不會有現在的發展。開始去尋找認同、了解自己與土地的關係，這跟戰後政治氣氛的改變有很大的關係。

客家是遷移的民族，客家菜會保留原鄉的習慣，再受當地環境影響，如客家在閩西，當地因為有畬族、瑤族等，彼此間會交融變成閩西菜。菜會改變，就像沙茶從東南亞的沙嗲變成潮汕的沙茶，再變成臺灣沙茶。由不同的環境風土去改變，再跟當地住民產生互動。
傳統客家菜內有的內臟與醃漬品，利用有限的食材做不同的變化。客家菜有很多層次的表現。客委會提出四炆四炒，也是嘗試建構所謂的客家菜，而其中有非常多元

的表述。

過去客家人吃粗、吃野、吃雜，但不代表未來不能做改變。不同區域的客家會有差異，但我想知道客家人有沒有集體意識或記憶？又或是否有共同歷史與經驗的建構？例如檳榔，原住民是最早來到這片土地的族群，他們的食物也是臺灣味的成分之一。

在傳統與創新客家菜間如何去拿捏？如何強調客家在多元族群間的範疇？還有中國的客家菜，與我們臺灣的客家菜有何不同？

曾齡儀

美國紐約市立大學歷史學博士，現任臺北醫學大學通識教育中心副教授，研究興趣為近代日本史、近代臺灣史、移民與食物的歷史，著有《沙茶：戰後潮汕移民與臺灣飲食變遷》。

以沙茶為例，它在潮汕地區會被丟進湯裡，使湯底非常濃郁，而臺灣人將它獨立成沾醬，發現臺灣人不太喜歡蝦醬和魚露，因此就直接把它拿掉。很多店家會告訴我，他們都盡量選用臺灣食材，像是東港的櫻花蝦，透過這些去強調被創造出來的是臺灣人的口味。

古碧玲：臺灣可說是族群與飲食的大熔爐。在過去可能會覺得客家是廣東的客家，後來發現在福建、江西、潮汕、四川也都有客家，移民的脈絡不只一條，而是會開枝散葉。現在請年輕主廚來講如何將傳統食材做創新運用？

不停堆疊與論述，發掘臺灣土地的價值

黃湘絨：我是苗栗頭份的客家人，我家在頭份市場旁經營麵店已有40年。本不打算接手麵店，沒想到大學就到高雄餐飲學院讀西餐廚藝系，還是走上廚師這條路。

大學畢業後到澳洲，在義大利餐廳工作，希望可以學到更多菜色，後來回到臺灣，在新竹的彼刻義式餐酒館工作，我待了四年左右，逐漸深入了解義大利菜，也知道他們的飲食文化如何演變而來。義大利人說他們沒有義大利菜，都是區域菜，如南義、北義，甚至分成羅馬或西西里。有次邀請西西里的主廚當客座，有兩位西西里人要示範餃子，爭論著餃子外型與做法。義大利人永遠在餐桌上，爭辯誰的媽媽做得比較好吃，這是很可愛的飲食文化。我對義大利菜相當熟悉，如

黃湘絨

現任野草吧主廚，高雄餐旅大學西餐廚藝系畢業。曾到澳洲各式西餐廳累積經驗與視野。而後投身為生態廚師，注重產地的尋訪到生產者、土地的認識，也將自身承襲的客家味蕾一併融入廚藝中。

各種料理有對應的橄欖油，他們對食材可以講究到這種地步。後來到湖畔生活當主廚，開始用臺灣食材做變化。如酸柑茶，將果肉挖出來跟茶葉拌在一起又回填，經過九蒸九曬製成再陰乾，最後敲碎泡一壺茶。

後來參加臺東生態主廚的活動，將臺灣原生種的野菜做成更精緻的菜餚推廣。也環

島深入臺灣小學，譬如到苗栗新英國小當志工，帶領孩子做菜，過程中會告訴孩子們，苗栗有一斤要價兩萬四的貓裏紅茶。思考為何義大利菜如此受重視？與到底整個菜系要怎麼長成？我覺得要回歸教育，引領他們了解這塊土地有哪些有價值的東西，多認識自身文化根源，愛自己與身邊所有人事物。將客家菜做變化後，它是否就不是客家菜了？但就像遷移，時代脈絡會一直往前走。我只能做好自身長成的東西，把它呈現出來，或許未來它就是傳統。之前喝茶枝茶，一喝就覺得很濃郁，可長輩會說這很不值錢，但其實根莖類的東西在料理上，反而更有風味。去跟茶廠了解製程發現也要兩年的時間，並由人工挑茶枝，技術是一定有的，而價值就靠我們在這個場合談論、堆疊。

古碧玲：人才的培養真的非常重要，要像 Bee 這樣融會貫通，再回頭找自己的根，所產生的東西跟一開始去碰觸的，是完全不同思路。說到人才培育，夏院士現在仍透過其他途徑做人才培育，請他為我們分享。

培養三種人才，文化底蘊和市場規劃

夏惠汶：我聚焦在人才培育與形成國家隊上。如果客家菜要推廣到國際，一要有人，二要有文化底蘊，三要有市場。培養人的大前提是有市場，培養的人才能生存，而要有市場，就要有認真的人管理企劃，這又涉及到國家與媒體的推動。

20 年前我曾幫泰國做過三次泰國政府委託的泰國菜推廣研習，他們想培養三種人。一是要對所有臺灣泰國餐廳的主廚，他們派皇家廚師來上兩天免費的課程，教正統泰國菜的做法、香料的運用。二是培養泰國餐廳的老闆，無論國籍，原料或材料若買的不對會走味。他們之所以有很大的商機，是因為有後勤資源，所有食材都有專

門的外銷系統，配送到世界各地的泰國餐廳。第三是培養家庭主婦與喜歡吃泰國菜的人來學，他們說做菜很麻煩，不會天天做，知道什麼是真正的泰國菜，就是培養消費者。就像客家菜的大封要悶、燉、炕、要做到軟爛、口感細膩，有火侯在裡面，它的細緻只是不容易被看到。他們要培養喜歡泰國菜的人，開班後我發現，兩年內臺北多開了幾家泰國餐廳。表示宣導的確要靠政府的力量。

夏惠汶

開平餐飲學校創辦人、董事長，關係動力學學院創始人。美國陶斯後現代學院院士、美國國家廚藝學院榮譽院士、澳洲雪梨麥寬利大學哲學博士。開辦開平餐飲學校（臺灣首間餐飲專業學校），翻轉臺灣技職教育，培養世界頂尖主廚，並共同發起臺灣廚師聯盟（現改為臺灣餐飲業聯盟），催生臺灣廚師節，展現廚師價值，於餐飲及教育界貢獻深獲海內外肯定，獲頒世界中餐業聯合會鋒火杯烹飪教育成就獎、臺灣技職教育貢獻獎等。

像鼎泰豐有政府的力量在日本做宣傳，如今在全球已有30幾家店。若要加盟鼎泰豐要先付大筆美金才能取得資格，後面還有一些通路，所以很多人要跟著學，有市場自然會有人投入。

我曾在中國來參訪時做了杭州西湖醋魚，他們說醋的味道不對，不是杭州的醋，但我的魚也不是杭州的魚啊！後來我拿石門水庫的魚改名叫醋溜魚，就跟西湖脫鉤了。關於文化底蘊，其實有一些影片做置入性行銷就行。如韓國《泡菜戰爭》，或《來自星星的你》中出現啤酒加炸雞。從市場推廣變成國家隊的角度來看，要精緻化就要有文化底蘊，但也要市場性強讓大眾容易購買。要將臺灣料理推出去，要有文化底

蘊、有故事、容易購買、食物美味，接著市場接受度高這幾個特質。

有個人來找我，他想將客家菜與鐵板燒結合。問我是否認為鐵板燒是臺灣菜，我印象中很難把鐵板菜與臺灣菜做連結，但他說鐵板燒是臺灣菜。當年新濱開了第一家鐵板燒，五年後在寧夏夜市好多地方開始有鐵板燒。真正的鐵板燒裡不會有豆芽菜，是到了臺灣後才出現的特色。要傳承核心價值，還要加上創新概念。

說到人才培育，人力是起步，技術本位到位後，要提升思考力、經營管理、統合能力，當人力與高階管理人才都具備時，才能持續推展。

我現在從教育方面著手，廚師與菜餚、食材、鍋具、客體、群眾的關係，甚至推廣到與社會的關係都一定要處理得很好，也要足夠敏銳。另外料理有些部分需要標準化生產，口味才會一致。

古碧玲：專業人才與管理人才都相當重要，也需要培養消費者。臺灣近年開始有大河劇，像《斯卡羅》或《茶金》等與臺灣歷史相關的戲劇，到現在仍有很多臺灣飲食故事正在進行。有沒有機會讓更多人去論述這些故事？想請教郭忠豪老師，到底該怎麼論述臺灣味，尤其是客家味？

培養臺灣飲食文化，需要國家的適當推力

郭忠豪：我在大學教臺灣飲食文化，從歷史角度，先是原住民文化，主要使用根莖類食物，跟漢人的稻米作不大一樣，也會上到清代臺灣飲食文化，從廣東、福建、漳州、泉州，怎麼從原鄉到異鄉，再由異鄉變家鄉。日治時期日本人在明治維新

後，創造了日本料理。他們來臺灣後，發現臺灣竟然沒有餐館，臺灣人都在廟前簡單用餐，所以在大稻埕江山樓、蓬萊閣引進福州的廚師，把臺灣的味道逐漸系統化、標準化、脈絡化、地方化，甚至國家化。戰後國民政府來臺，帶來大江南北的菜餚，一時間川揚菜、四川菜、江浙菜，蔣介石喜歡的菜也來到臺灣。

我曾訪問很多住在紐約的臺灣人，紐約第一家迴轉壽司是臺灣人開的，其實在中國改革開放前，中國城裡很多的菜餚都是臺灣人煮的。臺灣很豐富，可是臺菜在紐約比不上泰國菜，他們有國家在培養，我覺得國家應該適當介入。

古碧玲：郭老師真是錦上添花。最後請大家做結論，請怡彥老師先說。

回頭與展望，在傳統的根上萌芽

鍾怡彥：需要有一些創新的客家菜，但有時過頭了，就會變成是迎合，原本客家菜的風味就會跑掉，所以原始精神要保存，可以在形式上做變化，對於推廣會很有幫助。有小說創作者在現場，若能把飲食記憶寫進去就可以透過優良的作品讓讀者認識客家菜。

陳淑華：可以抓到客家元素後再做創新，因為其實沒有所謂的傳統，傳統也是從某種創新而來。夏院士提到醋溜魚，其實臺灣的五柳枝最早是從醋溜魚來的。首先要釐清所謂的客家元素是什麼？最近新屋想推海邊的客家菜，可是魚產怎麼代表客家菜？所以他們找出很多古老的魚料理，都是加鹹菜或客家黃豆醬去煮。先找到最基礎的內涵，以後不斷會有新的傳統，傳統味與創新味本來就會一直交替。

曾齡儀：作為學術工作者，得透過史料去發掘食物的歷史，不能停留好不好吃或風味如何。回應夏老師所講，對外行銷有許多要件，若有這些論述，我們在推銷上就會更容易，藉由參詳，讓我們發揮自己了解的部分，就能變成一種論述。

黃湘絨：我要開始了解很多論述，才能闡述自己的想法。比如說在披薩上放鳳梨為什麼會讓義大利人生氣？如果滷肉飯放鳳梨你也會生氣，我覺得這種生氣要讓它出來。法國人會說主廚的地位如同博士，以前我無法體會，後來慢慢到了這個位子，就會發現的確要開始了解很多東西，才有辦法在創新的根基下做表述。

古碧玲：創新，它一定是從傳統裡長出來的，但要找到這些傳統，論述就很重要。無論是透過大眾文學或學術論述、媒體論述，少了任何一個環節都不成氣候。最後我們請夏院士做結論。

夏惠汶：一定要走出第一步，持續性的推展，集思廣益就會激盪出很多火花，這不是一、兩天可以做到，鍥而不捨總會有成功的時候。

古碧玲：双子是創作者，你聽了這麼多的故事，有什麼想法？

楊双子：我是研究者也是創作者，因為有這兩種身分，我的小說有很明確的議題性。剛剛的內容我覺得要有三者結合，要有實際第一線的人就是主廚，論述飲食如何從原產地一路發展到餐桌上，因為轉化成創作時，創作者可能只會說故事，但沒有論述能力與實作經驗。三者具備，才會有好作品。可是臺灣幾乎沒有非常好的飲食作品。我們不能讓議題和意念先行，以至於好像在服務某種論述，它最終還是要轉化成娛樂性的作品。因為有論述先行的研究，我才有辦法書寫真實的內容。

古碧玲：我之前從香港帶了黑色的鹹橄欖乾給我爸爸，橄欖乾跟絞肉一起燉。聽說在泰國、馬來西亞有，潮汕人也一定會用。我在《上下游副刊》寫過一篇〈欖乾滋味 再無處可尋〉，就是寫我跟爸爸，有很多味道現在要追尋都很難了，生命中有很多故事，背後有很多綿長的東西，需要去挖掘，並與創作者和研究者一起找出這些線索。

延伸
閱讀

《灶邊煮語──台灣閩客料理的對話》

陳淑華著，2018年由遠流出版公司出版。從相關辭書或文獻報告中收集105個閩客料理烹調動詞，並透過田野訪談與實作觀察，記錄、整理這些詞彙在飲食生活中的使用情形，勾勒出臺灣閩、客兩大族群的飲食樣貌。全書分為「煮食語典」與「田野隨筆」兩部分，「煮食語典」探究水煮法、氣煮法、油烹法、直火法、二次加熱、食品加工或其他料理方式會使用的動詞；「田野隨筆」再分「說菜人身影」和「煮食與考掘」兩方向。（照片提供／文訊文藝資料中心）

客家菜也能成為
日常飲食首選與飲食譜系

時　　間：2022 年 3 月 5 日（六）14:00 至 16:00

地　　點：或者書店（新竹縣竹北市文興路一段 123 號）

召 集 人：

　　　　　古 碧 玲／《上下游副刊》總編輯

與 談 人：

　　　　　王 虹 雅／橋下 2.0 Restaurant & Bar 吧檯經理

　　　　　吳　　鳴／國立政治大學歷史學系教授

　　　　　邱 聿 涵／藍帶主廚

　　　　　陳 淑 華／飲食田野作家

　　　　　葉 國 居／臺中市稅務局副局長

　　　　　劉 懿 梅／樓上見餐酒館副主廚

記錄整理：羅亭雅

攝　　影：汪正翔

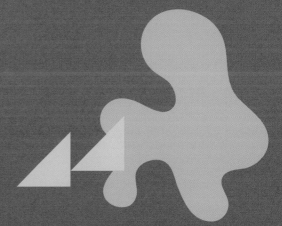

古碧玲：今天我們要談客家飲食的新詮釋。在規劃這個題目時，我一直回想到以前的生命經歷，我是半個客家人，小時候吃喜宴，講到菜系我們會講閩菜、湘菜、川菜，可是客家菜從來就只有在家裡吃，沒辦法變成一個正式的菜系。但這幾年臺菜崛起、變成一種顯學，而聯合國永續發展目標有17個指標，飲食絕對是要永續，不能浪費，我覺得客家菜就是一個永續的菜系，客家人只要有食物過剩，就會想辦法醃漬保存，完全符合這個時代的飲食哲學。而一般人對於客家菜的印象是鹹、香、油、粗、雜、野，客家菜到底是不是就停留在這個印象？有沒有機會演變出符合現代人講求的清淡、好吃、多樣性的飲食譜系？

一道菜的登場，取決於層層堆疊的歷史因素

吳鳴：客家飲食和族群個性有關，客家人因為住在山邊，所以習慣保存食物，在山邊保存食物最好的方式就是醃漬。客家的飲食也跟生活有密切關聯，冬季稻作收割完後，客家人會種植福菜，加鹽醃漬後稍微曬一天叫做「水鹹菜」；再曬一段時間但水分還沒完全脫乾，叫做「鹹菜」；曬到完全乾叫做「鹹菜乾」。在餐桌上也有很多變化，最簡單的做法是福菜湯，分別加番薯、排骨、雞肉又是不一樣的風味，過年時也會加上蒸雞的高湯，

吳鳴

現任國立政治大學歷史學系教授。文學創作以散文為主，著有《湖邊的沈思》、《晚香玉的淨土》、《浮生逆旅》、《秋光佗寂》等；曾任《聯合文學》執行主編、叢書主任、《聯合報》編輯等。研究範圍主要為近、現代中國史學史，近年亦投注心力於當代臺灣史學研究與臺灣歷史教育。

把葉子煮黃做成長年菜。剛才提到客家菜沒有成為主流，其實是有原因的。在客家人的觀念裡，到外面吃麵店是敗家的行徑，所以客家庄很少麵店、餐館。一個結果的呈現是有很多歷史因素摻雜其中。

古碧玲：謝謝吳鳴老師先從客家的歷史背景談起，為什麼客家菜沒有辦法成為外食、或者宴客的譜系。接下來邀請葉國居老師，分享對於客家飲食的見解。

為什麼九層塔到了客家庄少了兩層？

葉國居：我太太是臺中閩南人，有一天她問我：「九層塔客家話怎麼說？」我回答：「九層塔客語叫『七層塔』。」她覺得我在騙她，為什麼九層塔到了客家庄少了兩層。我講客語這麼多年，從來沒有發現這件事，所以我就問我媽媽，媽媽說客家人渡過黑水溝來到臺灣，好的地方都被人家占走了，人家說「風吹牛皮猴」，意思是客家人所占的土地像猴子一樣瘦、貧瘠，然後風都很大，所以九層塔硬是少了人家兩層。我媽媽又說在我出生後

葉國居

臺中市稅務局副局長，曾任新竹縣稅務局長、新竹縣文化局副局長。曾獲聯合報文學獎散文大獎、九歌年度散文獎、臺灣文學獎客語短篇小說金典獎等。著有散文集《鬢鬚花》、《客家新釋》。

她曾度過一段低潮時期，這時盼著菜園裡的九層塔，希望它有天能從「七層」長至「九層」，這就是她每天對於生活的期望。

我覺得客家人命名的智慧很厲害，華語的九層塔和客語的七層塔永遠少了兩層，這兩層是形而上的目標，沒有終點，是讓我們客家子弟每天都能有更高的期望和更遠大的期許。好比大山的背後天空才正要開始、河流的終點海洋正要出發，又或者在寫文章時，句號之後應該有大塊的文章。我覺得，客家人所稱的「七層塔」，它含有立志和希望的意涵。

第二個分享的是茼蒿，客語稱「打餔娘菜」。客家不管男人女人都會下田工作，但回到家後男人就蹺著腿休息，女人則要繼續煮飯、帶孩子；據說從前有個男人帶了一畚箕的茼蒿回家讓女人煮，上桌後只剩一小盤，男人認為女人偷吃，便生氣地打了她，所以茼蒿又稱為「打老婆菜」。

參詳會後合照，左起：吳鳴、葉國居、陳淑華、古碧玲、邱聿涵、劉懿梅、王虹雅。

但打餔娘菜在 20 年後已不像它的名稱由來那般，舉我遠房叔公、叔婆的例子來說，他們的相處模式就和打餔娘菜故事裡的男人女人一樣，一到傍晚，叔公就會催促著開飯，叔婆心裡相當不平衡，某一日索性把田裡摘回來的茼蒿和雜草一起下鍋，叔公吃到摻了草的菜後暴跳如雷，這時叔婆說了句經典的話反擊：「我煮了這麼多年的菜，從來沒人感謝我、說好吃，你們只會嫌少，我怎麼知道你們不吃草？」我覺得這正是茼蒿在 20 年後所引起的後座力、一個重重的反擊，它教會我們領情和感謝，人際之間相處沒有理所當然要為對方做的事，要適時的感激。

客家菜其實富含故事性，藉由賦予它新的詮釋，說不定能讓我們客家菜更偉大。

古碧玲：有故事，菜就會不一樣。這部分就要靠客籍的作家們努力把客家菜做更好的詮釋，把握話語權。

經過好多餐，才真正叫做客家小炒

陳淑華：我之前在雜誌社工作，都是採訪別人，工作一陣子後就想回彰化老家休息，當時每天吃著媽媽做的菜，突然想到，媽媽做的菜是不是有故事？於是我就開始在部落格寫了「我家的餐桌」專欄，把媽媽很平凡、常見的菜，如：蘿菜湯、蒲仔麵等，做了紀錄，然後竟然收到民俗學者的回覆，說我們家立夏吃蒲仔麵的習俗在清代的文獻中有記載，我就很訝異原來媽媽平常做的菜也是在寫歷史，因而開啟了我一連串的飲食田野紀錄。

在思考第三本書要寫什麼樣的食物時，正好認識了苗栗客籍老攝影師邱德雲先生，我常常去他家，也吃了他們家餐桌上的菜，我就很好奇他們家跟我家的餐桌有什麼

不一樣的地方。有一次聽他女兒講「烰菜」，這是客語炸菜、炸物的意思，我就回想到這個要如何對應閩南語的字詞，再加上當時客家菜正興起，有些客家菜在閩南家庭的餐桌上也會出現，是不是可以從這些烹調的動詞，去觀察閩客料理間烹調手法和習慣的關聯，遂成了我的調查動機。

陳淑華

飲食田野作家，曾藉雜誌的採訪工作深入各地田野，接近各種不同地域的族群，了解他們的生活與文化。近年喜歡透過一些日常被忽略的事物，特別是食物，重新發現生活的可能性。著有《島嶼的餐桌》、《彰化小食記》、《灶邊煮語》等。

以水煮法「炆」為例，客語的意思是小火、餘溫慢煮，而在閩南語中，水煮有分層次，如「焐」煮到出味、「炕」煮到爛，兩個不同的族群對於口感的追求也不盡相同。閩南語有一種氣煮法是「燴」，這個手法大部分都是用在海鮮類，如燴蝦仔、燴蟳仔，不過我找不到這個字對應客語的說法，我就想是不是因為客家靠山，較少處理海產類料理，所以就沒有出現類似的字詞，因此呈現出兩種族群在料理手法上的差別。

吳鳴：客家話比較細緻，不只是用火，連用刀的方式都有20幾種，有些用華語很難表達，比如「剉」是用尖物斜插進物體內，「輪」是插進去轉一圈。

陳淑華：客語針對「炒」的手法，可以再去細分「焗」、「爆」，這三個手法就可以把一道客家小炒完成，邱德雲的女兒說，這道菜不是上桌就完成，而是會接連吃好

幾天，料沒了就再補過或加上喜歡的料，一直到整盤都被吃完為止。也因為受到邱德雲家的影響，對我來說所謂的客家小炒一定要完成這幾道程序、經過好多餐，才真正叫做客家小炒，也藉此看到客家勤儉的思維融進廚房的巧思，每天上桌的都是一道新口味的菜，而不是隔夜菜一直重複加熱。

以前大家對於客家菜的印象就是鹹、香、油，如果仔細去想，「炆」是指小火烹煮，其實就是一種低溫烹調，和現在流行的「舒肥」是相近的概念，透過低溫讓營養留住，且少油吃得健康，客家菜充分利用食材的特性，再透過烹調手法適時地調整，相當符合現代的飲食需求。

古碧玲：剛剛淑華分享的差異也在我家中同時出現過，因為我爸爸是外省客，媽媽是閩南，一個肉丸因為族群不同就有兩種烹調手法，爸爸那邊加上梅干菜蒸煮，媽媽這邊會加上荸薺和蔥油炸。

讓客家菜出現在日常餐桌，更加便捷的烹調方式

邱聿涵：前面分享的內容屬於客家飲食文化、傳承的過程。不過以現在來說，我們這代和上一輩的飲食文化已經有所不同。尤其現在是雙薪家庭、少子化，傳統客家飲食文化可以做一些文化的推廣，但我們該怎麼把客家料理推廣到普羅大眾的餐桌上呢？未來怎麼在八大菜系之外，把客家、臺菜、原民、新住民等飲食壯大成菜系？

我很幸運地曾被客委會送去法國學習廚藝，法國是美的國家，藝術歷史的美、文化建築的美……搬到餐桌上的料理，除了色香味俱全外，也乘載著族群歷史文化，但

我們怎麼讓年輕人知道、吃到、甚至推廣這樣的飲食文化？我覺得重點是，可不可以讓大家容易地吃到。

現代的飲食習慣和以往大不相同，逐漸傾向便利性，再加上這兩年疫情的影響，外送平臺、加工食品的興起，甚至是氣炸鍋等便利烹調料理的器具都衍生出來。對於一般家庭來說，為什麼大家不常做客家菜？因為麻煩、時間久，以川菜來說，只要買花椒油、椒麻油，甚至

邱聿涵
藍帶主廚。曾任人田美濃客家菜廚藝總監、哈客網路學院課程講師，積極參與電視節目、愛心義煮等活動，推廣在地客家美食。《客家廚房經典：食在臺灣客家庄，傳承百年鹹香好滋味》作者之一。

有麻婆豆腐、麻辣鍋的調理包，就知道這是川菜。那我們客家料理有什麼可以這樣去運用、推廣？

我們就是要以這種角度去看待客家菜怎麼樣很輕鬆的讓一般消費者取得及料理。以梅干扣肉為例，梅干菜和肉要分開處理才會好吃，一般家庭怎麼可能一道菜搞三、四小時以上？端看國外飲食習慣，德國豬腳只要進蒸烤箱，出來就可以上桌了，那我們可不可以把客家菜用得這麼簡單，結合現代的料理機器、甚至食品加工業做了一半的程序，再經過消費者簡單加工、加上新鮮食材後，就可以直接上桌？

至於食品加工，以調理包的例子來說，因為疫情的影響，許多餐廳也開始推出調理包，針對餐廳和食品加工廠所出的調理包，消費者比較信任餐廳的產品，因為認為

比較少化學添加物，但加工廠經過品質管理系統（ISO）、食品安全管制系統（HAC-CP）專業認證及流程做出的東西並非不好，甚至透過高科技設備改善製造及殺菌方式，以減少添加物的使用，只是一般大眾還不清楚，因此需要透過概念的推廣，改變消費者對於加工食品的印象。我認為搭配加工食品，讓消費者在家裡就能做出客家菜，這樣的推廣才會快，比如在7-11賣的雞胸肉，能夠加上梅干菜風味。

我們現在要走的是怎麼把客家這種在地媽媽有溫度的味道推廣出去，透過食品加工業者、餐飲業者討論座談，讓加工業者也能夠多做一些客家料理，在媒體節目上，也多教大家能輕鬆做的客家料理。

古碧玲：謝謝聿涵的分享，她希望客家菜可以和生活結合，變得更現代化，而且客家菜經過各種醃漬、加工，風味又更豐富，用在現代飲食裡，可以很快被傳遞出來，增加飲食的風味。

客家菜 VS 北歐料理

劉懿梅：其實客家菜比較多屬於食物保存類，它的風味很強烈，剛剛有說到客家菜目前不是主流，不太會被拿出來討論，但其實現在很多大餐廳，都已經在使用客家的食材。講到客家菜的特色，有很多食物處理手法，如醃漬、風乾、濃縮，和現在主流的北歐料理很像。因為現在整個臺北都想做北歐料理，如果我們要打客家文化的話，其實是做得起來。

收到第一場料理客座邀請時，我思考該做什麼料理參加？因此回顧到我身為苗栗客家人的身分，我覺得應該要把自己學的東西跟客家結合，讓更多人知道客家菜其實

不是這麼的粗野，所以衍生出：發酵地瓜龍眼乾佐老菜脯擂茶、梅干菜瑞可達佐海藻脆片這兩道菜。在「勤美學環境地質餐會」的專案經驗中，我們則用客家菜元素跟西式料理結合，把客家桔醬、東方美人茶製成飲料，福菜、豆腐乳、奶油塗抹在麵包上，甜米粄搭配野薑花蜜和瓜果冰沙一起食用。

劉懿梅

「樓上見餐酒館」副主廚兼甜點研發、「有時，甜點工作室」主理人。曾任山男 Yamasanvu 現代居酒屋副主廚、墨爾本 Hardware Societe、雪梨 Sepia restaurant、MUME 北歐料理領班、樂沐法式餐廳二廚等。目前亦擔任「i'm chef 佐思廚序」料理教室固定講師。

而現在因為疫情導致工作量減少，我在家開了一間做司康的工作室，希望運用苗栗在地食材做出特色，比如我今天帶來的客家桔餅貓裏紅茶司康，和簡報中分享的公館紅棗巧克力司康。

其實各大餐飲業、高級餐廳、FINE DINING，都會把在地客家食材融入到料理中展現特色，只是沒有冠上客家兩個字的話，一般人就不會特別注意到這件事情。

古碧玲：客家的食材被大量用在現代的飲食，所以客家菜不只是粗、雜、野，而且醃漬、發酵類的食材都可以運用在現在的飲食，讓它更方便、更符合現代人的飲食習慣。

萃取客家元素，驚豔眾人的獨特風味

王虹雅：現在已經很多人嘗試把文化、飲食習慣和飲料結合。比較常看到的方式是直接使用元素萃取味道，除了烈酒本來的風味之外，把一些風味元素浸泡，讓它的味道帶入酒液之中，做風味的轉換，就可以得到帶有特殊風味的飲品。我和團隊也曾萃取野薑花的風味，用有山林風味意境的方式調出飲料，主要是以野薑花做前調鋪陳，再使用東方美人茶做中調、尾段味道的連結，也有使用一些葡萄酒，增加它的風味跟層次。

王虹雅

竹北橋下 2.0 Restaurant & Bar 吧檯經理，曾獲調酒大賽 Tanqueray Runway 2020 年度冠軍。原本以為只是修習實習學分順便探索新世界，卻從樂團主唱踏上調酒師的不歸路。比起酒醉更喜歡感受和發現酒精飲料裡的風味，希望能在創作過程裡運用「味道」來創造感受，以傳遞故事、文化、以及情感連結。

其實這個文化，沒有大家想的這麼地被遮蔽，或是無法想像、接受。萃取客家元素風味做出的東西可能真的會超乎大家的想像，因為以前沒有這些概念的時候，不會有人覺得這樣的東西可以放進去酒、飲料裡面。我覺得這些過程很有趣，因為自己身為客家人，可以把我從小到大生活過來的一些經驗使用在我現在的工作和專業上，再去跟人分享，這個過程很開心。

吳鳴：以酒類入菜來說，客家吃紅糟算是吃得多，用紅糟來代替冰箱。小時候我家裡有一個甕缸，每到過年拜拜完要塞五、六隻雞、豬肉條等去醃漬。剛剛幾個年輕

朋友講的很有意思，讓一般人更簡單、更容易吃得到客家菜。我剛好是繁複菜的代表，我一定每一項按部就班弄到好，我常常講做菜有三個要件，第一刀工要好，第二炒功要好，第三要耐煩，一個菜要煮三、四個小時，真的會覺得直接去餐廳吃比較快。承第一部分分享的福菜之外，客家人整個冬天也在吃蘿蔔，生蘿蔔直接料理食用外，做菜包用的是蘿蔔籤、艾草粄用乾蘿蔔絲、做粄粽用的是蘿蔔乾，客家人很會善用食物的各種型態；此外也會運用植物增添食材的風味，如：包艾草粄用香蕉葉、菜包下面墊柚子葉、做粄粽用月桃葉、包鹼粽用桂竹筍殼、包鹼粽用麻竹葉等。

古碧玲：客家的文化本來就會因為居住的環境而有差異性，如南客北客、四縣海陸等，這就是為什麼要早點談族群文化，因為很多東西都流失了，但因為有不同地域相互交流，說不定可以淬煉出不同的東西。

葉國居：我分享的內容屬於精神面。客家人有一種儀式叫「食朝」，我記得小時候媽媽規定一定要吃完早餐才能上學，這在客家庄好像是一種儀式。這個儀式隨著我年紀的增長、離家，對於媽媽來說其重要性卻一點也沒減少，我只要一回家，廚房的炊煙就沒有斷過，甚至有次凌晨四點多出門搭飛機去上海，媽媽也是忙著在廚房準備早餐，我就在想：為什麼吃早餐這麼重要呢？「朝」這個字，十字對十字、日頭對月光，它是一個白天跟黑夜的銜接時刻，我們從灶頭出發，即便走到天涯海角，只要吃過早餐的孩子，永遠都在家的範圍和母親的照顧之中，「食朝」這兩個字所代表的精神含意是很值得被推廣的。

古碧玲：客家人一定要吃早餐，這也是文化裡面很重要的一部分，可是文化當中很重要的部分適用在現代生活嗎？我們怎麼樣讓客家的飲食文化在現代生活中被保留？

因地制宜的料理手法，兩個族群共通的飲食文化

陳淑華：我覺得未來的潮流並不是只有便利性，它是可以快速被推廣，可是現在臺灣有一股反骨潮流，有人願意花很多錢去學繁複的做法，這也是一種市場。另外，過往田調的經歷中，我發覺單單客家族群內部的差異性就非常大。比如說剛剛提到的那個紅糟，我發覺南部好像比較沒有？

邱聿涵：北部是把熟雞熟鴨浸到紅糟裡醃漬，南部是把生肉浸到紅糟裡再加工成熟肉。北、中、南、東的客家人，每個家庭、文化、時代背景不同，習慣也不一樣，因為這些個體差異才會產生不同的飲食習慣及文化。

陳淑華：很多習俗會因為密切的文化交流而變得一致，剛提到很多食材是屬於客家沒錯，但閩南人同時也有使用。福菜算是客家的標誌性飲食，像我媽媽是閩南人，他們一樣會做鹹菜，但福菜就不會；像花椰菜乾閩南人也會做，這應該是以前的農村，保存食物的手法之一。那我要怎麼界定，花椰菜乾就是客家的，它和閩南人相比有特別的口味嗎？有一些東西很明顯是客家人會做，但閩南人不會做，而有一些是屬於兩個族群共通的飲食文化。

古碧玲：我覺得跟話語權有關，客家近十年來的意識崛起，當這個族群被看見後，過去因為噤聲都不講話，現在突然可以講話，就特別大聲。我們今天在講成為日常的飲食或飲食的譜系，也是相同概念，當日常也可以吃得到，在生活之中就已經變成一種文化；當它變成飲食譜系，上得了檯面並和八大菜系平起平坐，就掌握了話語權。我覺得這兩個都要具備，飲食文化才能夠長長久久被保留下來。幾位年輕主廚也提到，飲食西化的過程中，還是可以被保留甚至融合。

「食飽 ？」客家菜的保存和創新

邱聿涵：客家人見面的第一句問候語通常是「你吃飽了沒？」飲食這件事對於客家族群來說很重要。長期在餐飲產業觀察下來，客家菜的料理比賽其實很多，但很少能夠在一般的餐館被做出來，因為過程太繁複，只能變成小眾，小眾是屬於金字塔頂端的人可以獵食到，可是一般的民眾怎麼吃到？這就必須普及到食品加工業。客家菜的元素太多了，我們可以找出適合主流推廣的五項特色產品，透過政府的推廣、食品加工業的研發，讓客家菜更普羅、大眾化一點。

古碧玲：我覺得這兩者是不相互違背，就像我們講臺菜，繁複的東西如布袋雞在臺菜餐廳中也都不見了。我想每一個繁複的東西，會被傳遞下來是不容易的，正是因為這樣，它有故事，甚至有機會變成 FINE DINING。這個部分也請兩位年輕的主廚分享，覺得可以怎麼樣往下走。

王虹雅：我覺得就順其自然，讓它可以更輕易地被民眾取得、製作，當這道菜可以成功在你手上完成時，那個成就感是可以保留大家對於客家菜的求知欲和熱情；再藉由這樣的過程，有了感情之後，自然而然就有辦法去接納、認同它，客家菜就可以被推動出去。

劉懿梅：現在因為疫情，有很多旅外的廚師都回來了。因為在地化的關係，要發展特色的話，當然是以自身文化為主。客家菜在整個餐飲來說，其實已經一點一點地被曝光，只是需要一點時間被看到，所以未來的話，應該是會慢慢的發揚光大。

古碧玲：很多餐廳或 FINE DINING 已經在做，但一般人不見得知道，所以還是必

須經過整理。客家菜絕對不會輸給其他八大菜系，未來的生活也許會再流行手工製作，但是還有一部分是大量工業化生產，這兩項我覺得是可以並存，而在並存當中，客家的飲食怎麼樣被保存下來？就像泰國菜一樣，有很高檔的、有中間價位、也有很便宜的，你必須這樣做文化才有更多機會被傳遞。

邱聿涵：我覺得日本壽司很厲害，它可以做成冷凍食物行銷全世界，什麼時候我們客家菜也可以做得像這樣。

古碧玲：食品產業也很需要推陳出新，怎麼樣讓客家菜可以被看見，然後當食品產業要去找到新的醬料時，會發現客家飲食文化及創新之中，有這麼多東西是可以生產、具經濟規模，希望有機會我們真的可以變成日本壽司、韓國泡菜，讓世界都知道。

延伸
閱讀

《髻鬃花》

葉國居著，2014年由聯合文學出版社出版。集結作者20年的文學精華，以客家風情為主題的多篇獲獎散文。文筆真摯記載客家庄的大小事，有祖孫情、人與土地的情感、對現代化的迷惘與思索等。全書收錄〈暗夜摩娑〉、〈動物的證明〉、〈客家菜脯的證明〉等19篇，其中〈寫大字〉、〈賣病〉、〈討地〉三篇客語漢字散文，輔以作者書法藝術作為插圖。

美學╳飲食
——食器之道與飲食午宴

時　　間：2022 年 4 月 25 日（一）14:00 至 16:00
地　　點：新富町文化市場（臺北市萬華區三水街 70 號）
召 集 人：

　　　　古 碧 玲／《上下游副刊》總編輯
　　　　張 典 婉／資深媒體人
與 談 人：

　　　　王 虹 雅／橋下 2.0 Restaurant & Bar 吧檯經理
　　　　佐 　 京／佐京茶陶負責人
　　　　邱 聿 涵／藍帶主廚
　　　　張 維 翰／銅鑼窯窯主
　　　　黃 湘 絨／野草吧主廚
　　　　黃 鑫 沛／金工家
　　　　劉 懿 梅／樓上見餐酒館副主廚
記錄整理：張簡敏希
攝　　影：汪正翔

張典婉：今天古碧玲老師邀請了一些客籍年輕的廚師，與大家分享她們帶來的菜餚，而我是邀客籍年輕的陶藝家、金工家，第一位是來自北埔的佐京。

佐京：我是佐京，來自北埔，今年29歲。我家有種茶、製茶，所以我做的東西都跟茶相關，比較特別的是我做的茶壺，開口會大一點，主要是因為北埔做的茶，全是條鎖型茶種，開口大一點，放茶葉、取茶葉時較方便，也能保留它的香味。

張維翰：我是銅鑼窯第三代的張維翰。民國56年，我的阿公——張信享先生成立銅鑼窯的工廠，起初在塑膠未出現前是做花盆，約從民國70幾年，開始做陶瓷娃娃，當時我爸爸回來傳承。那時臺灣菸酒公司需要大量裝酒的容器，我爸爸就去標公賣局的案子，做全臺灣最大的酒甕，高度差不多200公分，我們以做最大的醃缸聞名，銅鑼窯也是苗栗歷史最悠久的傳統窯廠。我們主要的傳統技藝是泥條盤走法的手擠坯。我回來快要十年了，我把傳統窯廠打造成創新多元的場域，現在有做青年創業基地和地方創生。

黃鑫沛：我是來自苗栗三義樟樹院子的黃鑫沛，目前從事金工。我做的金工是屬於鍛敲式的，就是器皿類的，我們常聽到的鐵雕也是金工的一種。我在新北樹林出生長大，以前曾是運動員，大學時念建築系。我兩個叔叔是三義的木雕藝術家黃瑞元、黃石元，我因從小受到熏陶，而對藝術產生熱誠。我兩個哥哥黃敏城、黃敏欽，與我的大嫂官貞良，都是陶藝家。我原先在臺北做一般的工作，做過業務、餐廳、加油站等，直到28歲那年，突然覺得不能再這樣了，於是辭職，把存款拿去學馬術與金工。金工課程快到尾聲時，我叔叔打電話給我，他說他有一個空著的工作室，要我去試試看，所以我就帶著行李寄宿在他家，開始我的金工之路。

樟樹院子是台電的舊宿舍，荒廢了28年，約300坪左右。我跟我二哥黃敏欽，及一對夫妻——畫家張富峻與詩人薛赫赫，四個人去招標租下那裡。我的作品中，木頭的部分都不是買的，幾乎都是上山下海撿來的，因為很多材料可以再被利用，只是沒被看見。記得有次去高雄，朋友帶我去柴山的祕境，我在海邊撿漂流木，只要看到有靈感的東西，我就會把它背回家，那趟我背了11公斤。那時有個媽媽跟我說，我這樣創作都不用成本，我被這句話驚醒，因為其實我要花很多時間、心力、體力，把它們背回來再整理一遍，好像用買的還更划算。我們住進院子後，有一天我在透明窗上畫了鴨舍，因為我想養鴨子，於是我二哥就帶我去買材料蓋鴨舍，也買了兩隻鴨子，還附贈兩隻日本雞，我的時鐘是用牠們的毛做的，我每天早上起來，就去地上找新鮮沒有受損的毛。我從生活中就地取材，盡可能讓它們恢復樣貌和生機。

張典婉：要特別介紹曾來參加「參詳」的羅文祥，他也是三義人，今天沒來。他用幾十道漆器技藝去做漆器筷，都是用天然漆做，不是普通的油漆。佐京還有斜槓，他是八音班的梁柱，也可以介紹一下。

對老文化的心之所向

佐京：我有做茶缽、茶盤、茶壺、茶盅，也會做一些花器。我喜歡燒瓦斯型的窯，燒出來的東西就像人生，沒有人的人生是100%的，作品也不可能是100%某個顏色。像這個盤子，它不是純黑的，上面有青褐色，或有較深的黑、較淺的黑。100%的東西對我來說沒那麼漂亮，一定多少要有點殘缺，比較有豐富性。

說到八音，我小時候常跟著阿公、阿婆去看唱大戲，不然就是去廟會，我只要聽到

拉二胡或吹嗩吶的聲音，就會起雞皮疙瘩掉滿地。我很嚮往他們這樣，我心裡覺得總有一天我一定要坐在那邊表演，所以前兩年我就跟著戲班跑來跑去。我以前在苗栗農工讀三年書，畢業回來後，發現以前常聽到的這些聲音不見了，覺得很可惜，所以親身去學，這樣以後叫別人學時比較有說服力。我把北埔僅剩的八音師傅重新集合起來，組了一個新的八音團叫「新竹北埔八音團」，希望把我們客家人千古帶來最好的音樂流傳下去，不管以後有沒有人學，我現在有這個功夫，等我老了，突然有一個曾孫說要學，我有這個技藝、有譜可以交給他，這個技藝就不會在我們這代斷掉。我喜歡這些老文化，因為這是我們最直接跟祖先連繫的東西。我創作的東西，是從生活而來，不可能每天坐著一直做，就能做出漂亮的東西，一定是做了什麼，突然產生靈感，再轉化為自己的東西，變出自己的形體。

佐京

佐京茶陶負責人。在安靜純樸又接近自然的峨眉成立工作室，作品以陶加入峨眉獅頭山的原土作為土胎，釉衣多以鐵礦釉為主，再以瓦斯窯還原燒至1250℃而成。曾獲臺灣茶藝文化學會鬥茶比賽特選獎。

佐京的作品。

張典婉：維翰的媽媽是我認識，唯一一位客家女性會做大醃缸的，你可以說說父母對你的影響嗎？

用時間打造的大醃缸

張維翰：我和佐京有很多相似之處，佐京以前讀亞太創意技術學院陶瓷創意設計系，我是讀同間學校的茶陶創意研究所；我媽媽也是茶山的女兒；我 20 幾年前，跟賴仁政老師學打八音鼓，還拉了十年的二胡。我會做陶瓷產業，要從國中升高中時說起，我想去熱音社，但買電吉他要兩萬多，媽媽不肯讓我買，她說我暑假回來幫忙就買給我，所以我一個暑假都在那做粗重的工作，暑假後拿到錢就不做了。

張維翰

銅鑼窯第三代窯主，元培醫事科技大學茶陶創意設計系碩士。從小就在客家庄長大，大學畢業後就決定返鄉繼承傳統產業。曾獲客家委員會 106 年客家青年創新發展獎、110 年客藝之家、救國團 111 年度全國青年獎章。

後來看到父母年紀大了，我又是獨子，覺得自己有傳承的使命和責任。回來後我跟徐鑫昌師傅學手擠胚，這個技藝面臨失傳，因為年輕人都不想做粗重的工作，但我想把它學起來並推廣出去。我回來前三年都在練功，三年後我才可以自己做大醃缸。我媽媽是很典型的客家女性，非常有毅力，以前在茶園長大，出社會後在國賓大飯店當總會計，也曾在苗栗陶瓷廠當會計，剛好我爸爸是做陶瓷的，兩人因此相識，後來我爸爸跟媽媽說：「你嫁給我就負責算錢，什麼都不用做」，結果嫁過來後

什麼都要做，但我媽媽也很認分，家務、手藝都做得很好，她是全臺灣唯一一個可以做最大的陶瓷容器、創作的女性，我在她身上學到很多，除了技藝外也學到她的精神。

張典婉：我記得剛認識維翰時，他剛畢業回來，他媽媽站在大醃缸上做手擠胚，後來維翰漸漸走出一條路，做地方創生、小旅行這些。鑫沛也介紹一下自己的作品。

秘訣：用客家元素來提味

黃鑫沛：我到大學才知道我媽媽是閩南人，她嫁給我爸爸時，學了客家話，而且學得沒有破綻，她是後來認識了一些鄰居朋友，才講回她的母語。我的東西會與哥哥們，或大嫂的作品結合，這有點難度，因為金屬較硬，陶瓷較脆，裝上去時有風險。我也喜歡喝茶，因此作品會延伸出茶匙、咖啡匙，還有杯托類。我覺得環保議題蠻重要的，所以只要去海邊、山上，我都會順便撿垃圾、淨灘、尋寶。

黃鑫沛

金工家。從小對老物件著迷，對手作感興趣，運用金工技法修補阿公留下的蟲蝕長椅凳，充滿歲月，溫暖感動。從第一件鍛敲茶則，慢慢擴展到茶針、茶托等茶道具，再發展出香爐、花器及時鐘。與哥哥黃敏欽經營樟樹院子，讓陶藝與金工將樸實的美帶入生活。

古碧玲：我們這邊都是女將，在廚藝界女性要出頭真的不容易。邱聿涵主廚是臺灣當時送去法國藍帶廚師學校的主

廚，當時只送了一男一女共兩位，是很
優秀的女性。黃湘絨的媽媽在竹南，開
一間很有特色的麵店，我們稱它為明月
大飯店，而湘絨自己本身一直在做創新
菜色。劉懿梅也是客籍，也同樣一直在
做創新。再來是王虹雅，她今天做了開
胃調酒。先請她們介紹各自餐飲的概念。

黃鑫沛的作品。

王虹雅：我是來自竹北橋下 2.0 餐酒館的
Mia，今天準備的開胃酒飲是走比較輕酒精的路線，選擇的客家元素是酸柑茶，喝起
來有點酸甘鹹。我使用了鳳梨發酵液和煙燻海鹽，做出水果的鹹香感，主體的酒精是
用臺灣自產的琴酒品牌，它主推的風味是帶一點烏龍茶茶香，有種厚實感，整體搭配
很接近酸柑茶的底味。最後我放了紫蘇，提取其風味，堆疊出層次感，它是客家文化
中常使用的香料與藥材。杯子上有事先用熱水泡開的甘草片，喝之前能先放到嘴裡汲
取汁液，草根的香氣與甘甜出來後，再喝酒，整個堆疊起來會產生新世界。

劉懿梅：我是臺北樓上見餐廳的副主廚，是苗栗的客家人，今天會跟大家分享兩個
Snack。一是客家小炒的改編版，小時候最常出現在餐桌上的一道菜，我們的客家小
炒會配飯吃，我將米飯做成米餅當底座，加上魷魚烤過、烘乾打成的粉，還有用炸
過的五香豆腐跟豆漿打成的慕斯，裡面有小塊的魷魚乾，最後加上芹菜葉。另一個
是以醬油做成塔，再以自製梅乾菜 Ricotta 跟鮮奶油拌一拌，還有酸菜、蝦夷蔥、金
蓮葉，這道菜是想做一個芥菜的變化。兩道菜都結合了高級餐廳的料理手法與客家
菜（或食材），也望未來能將客家菜與國際接軌。

邱聿涵：我現在的餐廳，是在三義的喆娟夢田民宿餐廳，我們是做無菜單料理，另外在高雄市中心，我們是開美濃客家菜餐廳，因為市中心人流比較多，希望能把客家菜推廣開來。我今天準備了傳統的客家三角圓，通常三角圓是做成湯品，而我是以乾吃的方式呈現。底部有鋪米漿，它沒有任何筋性，是為了把紫蘇梅醬跟有機梅的味道巴住。另一個比較呈褐色的，是將紅麴豆腐乳跟客家的黃豆味噌，與一點醬油搭配，都是釀造的味道。最後是

王虹雅

竹北橋下 2.0 Restaurant & Bar 吧檯經理，曾獲調酒大賽 Tanqueray Runway 2020 年度冠軍。希望能在創作過程裡運用「味道」來創造感受，以傳遞故事、文化、以及情感連結。

原味，可是有一點油蔥的味道，因為我在煮的時候，是用油蔥酥的湯底去燙。我希望傳統的味道可以保留住，但它呈現的方式會有所不同，讓客家的食物有不同的變化。

黃湘絨：我是來自苗栗頭份的客家人。最近看到一篇論文，是寫客家擂茶的起源。我們對客家擂茶的印象多是甜茶，所以當我發現擂茶在河婆那裡是鹹食時，蠻驚訝的。春天時，他們會在擂茶缽磨芝麻、花生，再加上當季的葉菜類，如金不換、茴香等，炒過後，跟磨過的芝麻、花生一起擂，再加茶葉。臺灣擂茶在我們生活中沒那麼普遍，可是在新加坡或中國陸河縣，甚至有擂茶店，是吃鹹食，他們的吃法是擂茶磨完後，配一碗白飯，旁邊還會有其他配菜，這是河婆的吃法，陸河他們喜歡擂茶配白飯再加上米香，全部拌在一起吃。這個東西演變到不同世代，會有不同的呈現方式，可以用不同的方式去吃，所以我把擂茶飯濃縮成似是小菜的東西。

古碧玲：通常下午茶是西式，但他們把客家元素放入西式的概念中，請教四位主廚，在這個過程中，你們有經過什麼樣的轉換，或遇到什麼困難？

客家菜的異軍突起

王虹雅：我的老師跟我說最重要的是比例與風味的平衡，想要表達的風味，只要堆疊、排列得好，基本上怎麼做都會蠻美味的，就看客人買不買單。在調整比例時，比較需要花時間和小成本，味道不對就要打掉重來，但我的興趣在此，因此不會認為是負擔，反而在過程中，一直承受失敗感，最後找到剛好的點時，是很開心的。

劉懿梅
「樓上見餐酒館」副主廚兼甜點研發、「有時，甜點工作室」主理人。曾任山男 Yamasanvu 現代居酒屋副主廚、墨爾本 Hardware Societe、雪梨 Sepia restaurant、MUME 北歐料理領班、樂沐法式餐廳二廚等。

劉懿梅：我以前待過的餐廳，其實用了很多客家食材在菜裡，如果不特別提大家不會發現。客家小炒要做成點心有困難度，因為客家小炒有很多版本，我想了很多種組合，進而衍生出這道菜。試菜時，年輕的同事說好吃，但不知道什麼是客家小炒。現在很多年輕人都沒吃過這道菜，一方面他們不是客家人，一方面他們很年輕，因此客家菜其實是可以推廣的。

黃湘絨：我自己在結合、探索中西式料理時，會從食材的方向去想，例如義大利有醃漬酸豆，酸酸鹹鹹的，客家有筍乾，若我想翻玩煙花女義大利麵，可能會把酸豆

與黑橄欖換成客家筍乾。現在是多元化的世代，做傳統菜的人可以繼續鑽研，而做創新菜的人，可以多了解食材，隨時間轉變，現在的創新未來會變成傳統，就像現在傳統的北埔擂茶，可能也經過了創新。我們這個世代要做好我們手上需要做好的事，而創新的基底是了解傳統。

古碧玲：必須先了解傳統才能創新，要有脈絡，而非無的放矢的創新。他們在客家文化沙龍也得到了相對的刺激，開始了解我們的傳統與過往，更深入認識飲食文化脈絡。

邱聿涵：我學中餐已經25年了，以前還年輕，菜做得沒有師傅好，在溝通上有很大的問題。九年前到法國，當時跟師傅溝通，改變一樣東西要花半年的時間，因為中式餐廳的主廚通常都有根深柢固的印象，我們的飲食習慣也一樣。客家菜給人的印象一直是便宜、大碗，若價格稍微提高，消費者就會計較，這方面需要消費者改變心態。當然我們也能像懿梅的做法，但你會每天到這樣的餐館用餐嗎？我們畢竟是普羅小康家庭。將內容精緻化、使用更好的食器，但風味不變、價格仍親民，這是我願意去推廣的。師傅都很難溝通了，更何況是消費者的心態？我開的餐廳，菜的分量較客庄少，但價格一樣，儘管我們有裝修、冷氣、服務生，且全都用瓷器，消費者還是會嫌貴、會直接反映感受，要活在這個市場很困難，所以要一再變化。

開心的是因為食安事件，大家認知到要吃健康的食物。現在客家菜異軍突起，客委會很認真在推廣，辦了許多活動，有機會大家要多支持這些活動，才會知道原來客家的產業在進步，包括今天的金工、陶器食器。我們的素質在提升，但我們的消費金額、經濟狀況沒有提升，不過我相信大家對飲食品質的要求會愈來愈高。

張典婉：聿涵提到一個新的概念是客家米其林，在客庄有很多很好的藝術家的作

品，都能拿來做現代的使用。

古碧玲：聽聿涵分享時，我就在想：「客家菜能不能成為一個菜系？」，這也是我們在客家文化沙龍一直討論的議題，我想很多人都在做這樣的努力，把客家菜提升到能有不同的等級，在高級料理餐廳、路邊攤、家裡都吃得到。希望透過沙龍把客家飲食、文化，再提升到更高的層次，並讓更多人能參與。客家人是一個很講究源頭的族群，是一個很特別、離散的族群，當他們相遇時，會對從哪裡來特別重視，是人類獨有的情感、情愫。

鄭硯允：我們都知道食物有味型跟菜式，客家的味型是很清楚的，而菜式在成見中被認為就那固定幾項，印象中變化不多。我很好奇北、中、南有這麼多客家聚落，客家菜的味型與菜式有什麼不同？

因地制宜的美味變化

邱聿涵：差異在於各地氣候、產物不同。較特別的是南部因為以前運輸的關係，所以食物偏甜，吃糖代表富裕，而且會較大方的給客人吃糖，而北部口味偏淡。再者南部沒有桔醬，也沒有酸柑茶，因為沒有產茶葉，中、北部以茶入菜的食物較多。南部吃不慣桔醬酸辣的味道，多是用菜園裡的蔥、薑、蒜、九層塔、香菜、蒜苗，全部剉在一起，加上冰醋酸，再以糖綜合那個味道，這是我們南部客家的蘸醬。又以薑絲大腸為例，南部會用米醬、冰醋酸、糖，北部則不加糖。

徐彩雲：中部地區有吃「醃」，也就是醃肉、醃魚，中部客家有些比較不一樣的口味，是其他客家地區沒吃過的。因為閩客混居的關係，他們也會吃麻薏，所謂客家

食物或閩南食物，我覺得沒有這麼明確。

夏惠汶：我們約在十幾年前，跟焦桐他們合作，做過三年的客家宴，確實不容易，因為客家菜早期給人印象便宜、大碗、好吃，要將材料、口味的層次精緻化。不光客家，中餐在全世界的系統中都很便宜，儘管一碗牛肉麵的做工比義大利麵繁複許多。我們現在的創造就是以後的傳統，歷久不衰就會變傳統，客委會做這件事很有意義，美

邱聿涵

藍帶主廚。曾任人田美濃客家菜廚藝總監、哈客網路學院課程講師，積極參與電視節目、愛心義煮等活動，推廣在地客家美食《客家廚房經典：食在臺灣客家庄，傳承百年鹹香好滋味》作者之一。

食是一種文化，要長期突變、積累、持續發展下去，此外也要吸引食客願意嘗試，慢慢找到新的點，把價格打開。泰國菜是雲南菜系的旁支，但泰國卻願意特地派廚師到臺灣推廣泰國菜，他們過去在臺灣培養三種人：在臺灣的泰國主廚、開泰國餐廳的臺灣老闆、喜歡吃泰國菜的人。他們想培養食客，讓大眾懂得吃泰國菜，所以客委會要推廣客家菜成為臺灣的名菜，要有一些好的主廚協助精心研發，也同樣要培養食客，所有的挑惕都是我們成長的機會。

賴予喬：黃鑫沛老師說她28歲才知道自己想學什麼，我是29歲時，才跟爸爸學客家話，我爸爸是苗栗南湖的客家人，外婆是東勢的客家人。黃湘絨主廚講到時間是一直轉動的，這對做創作的人來說，是很棒的生活哲思。我是念美術出身的，到29歲學客語後，才寫了第一首客語歌，這幾年用客語創作得到三個金曲獎。我覺得我想寫

沙龍現場製作料理，左起：王虹雅、黃湘絨、劉懿梅。

客語歌，是因為感情，因此想問黃主廚，你做客家菜是否也因為內心情感的驅動？

我們的料理沒有輸

黃湘絨：我家開麵店，因為要幫忙，所以從小就很討厭客家麵店，又因崇洋媚外，而想學西餐。我們這個世代的文化認同比較薄弱，當我學了西餐後，我知道橄欖油

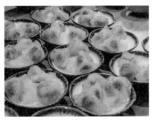

沙龍現場製作料理的完成品。

的製程、義大利酒醋有分年分，回到客家，發現我們的酸柑茶製程可以拉到 20 年。重點在飲食文化認同，我不認為客家菜是便宜的，這樣的想法應該要停止，因為我們的料理沒有輸，只是價值感要提升。在感情上，我也有一樣的心境，長大後從知識跟實作上去對比，發現媽媽經營一間客家麵店有多辛苦，我回頭跟媽媽學客家小炒，才知道沒這麼簡單，我媽媽沒上過廚藝學校，經營麵店 30 年，她比我還要厲害。

黃湘絨

現任野草吧主廚，高雄餐旅大學西餐廚藝系畢業。曾到澳洲各式西餐廳累積經驗與視野。而後投身為生態廚師，注重產地的尋訪到生產者、土地的認識，也將自身承襲的客家味蕾一併融入廚藝中。

邱聿涵：剛剛有人問，我的醬是用黃豆醬、醬油、紅麴豆腐乳調的，跟海山醬有什麼差別？海山醬無法呈現這麼有層次的味道，它的辣椒與黃豆味比較重，還有釀造醋的味道，是為了要提海鮮的味道，但客家人比較吃紅肉，我調的味道會比較適合搭配紅肉。北部醬油是偏黑豆，南部醬油偏黃豆，風味也不同，也是因為產地不同。

莫昭平：想請問主廚們，你們是創新的第一代，這些創新菜色，在你們的菜單中占比是多少？我先生是梅縣客家人，爸爸是海軍，他是外省第二代住左營眷村。無論任何菜，到臺灣來都吸收很多不同菜系的元素。我先生昨天做了四個蘿蔔糕，傳統的客家蘿蔔糕很素，我是廣東人，我就把廣式那種食材很多的蘿蔔糕，介紹給我老公，而他也做出來了，那是我這輩子吃過最好吃的蘿蔔糕。我覺得飲食是非常有趣的事情，有傳承、有創新，又有多元融合。

邱聿涵：我們在三義的民宿餐廳，客家菜的比例一半一半，南部的美濃客家菜餐廳，是把美濃過年的菜放到市中心，客家菜的比例高一點，但跟傳統的客家菜比，還是有做風味的改變。

黃湘絨：第一個世代可能不會這麼傳統，用某個客家菜來代表客家菜，我反而是找好玩、會吸引目光的元素。如夏老師所說，要吸引目光才會有認同感，怎麼把菜賣出去更需要思考，不是只有廚師的力量，這中間要有很多不同的單位共同推廣。

劉懿梅：我自己有接一些餐會，第一場餐會時，我想了五道菜，第一道和最後一道用客家食材呈現，那個系列代表我自己。最後用擂茶與我學到的北歐菜結合，代表回到客家，想讓客人知道，身為客家人我其實蠻驕傲的。未來會再接苗栗的餐會，希望發揚苗栗與客家的東西。

延伸
閱讀

銅鑼窯

位於苗栗縣銅鑼鄉竹森村，由已故創辦人張信享先生於1967年獨資創設「銅鑼窯業工廠」，生產花盆、醃甕與醬油缸等，經由第二代窯主張世浩、彭秀梅夫婦傳承，目前經營者為第三代窯主張維翰、林櫻芮夫婦。銅鑼窯專精傳統福州式製陶技術，擅長手擠坯功夫和超大甕缸製作，是臺灣碩果僅存製作大甕、大缸的手擠坯傳統窯廠，也為銅鑼客庄製作無數個陶甕、醬缸。除了保留傳統，銅鑼窯亦致力於創新，生產水缸、茶倉、茶碗、茶具與各式陶藝創作。（照片提供／張維翰）

從客家宴，
看客家菜能否成為
世界飲食，擔當文化輸出

時　　間：2022 年 6 月 19 日（日）14:30 至 16:30
地　　點：三餘書店（高雄市新興區中正二路 214 號）
召 集 人：
　　　　　古 碧 玲／《上下游副刊》總編輯
與 談 人：
　　　　　李 慧 宜／記者、作家、導演與農民
　　　　　郭 忠 豪／臺北醫學大學通識教育中心助理教授
　　　　　黃 森 松／《今日美濃》雜誌發行人
　　　　　楊 昭 景／思想・起文化廚苑創辦人兼苑長
　　　　　蘇 量 義／阿義廚房主廚
記錄整理：張簡敏希
攝　　影：汪 正 翔

古碧玲：大家好！感謝五位老師的參與，我從李慧宜老師開始介紹，她是記者、作家、紀錄片導演，也是農民，她說她是雙聲帶的客家人，原是竹東客家人，後來嫁到美濃學了四縣腔。再來是黃森松老師，他在美濃做了許多文史工作，是《今日美濃》雜誌發行人，大學畢業後就決定回到家鄉，編地方的雜誌，他本身就是一本美濃文化史。楊昭景老師之前在高雄餐飲學校，作育英才，帶領很多學生，從高餐退休後，成為「思想・起文化廚苑」創辦人兼「苑長」。郭忠豪老師是臺北醫學大學通識教育中心的助理教授，研究世界的飲食史，本身是高雄人，北漂到臺北。蘇量義主廚在雲林，開了一間「阿義廚房」，他本來是學兒童文學，自己也會做設計，現在是私廚，他所選的材料很多是當地食材。我先請郭忠豪老師分享，客家菜在世界飲食裡，什麼樣的脈絡有機會被看見？

標準化、專業化、商業化

郭忠豪：到底什麼是客家宴？是不是可以成為世界飲食？這並不容易，五大洲、七大洋，世界上不同地方的人怎麼了解客家？客家文化某種程度上應該是一種文化現象。要了解客家文化，政治非常重要。

1980、90年代，臺灣解嚴前後，還我母語運動出現，過去我們以中華文化，國語獨尊的文化開始被解構後，閩南、本省、客家、原住民，少數族群開始投入政治運動。2000年左右成立了客委會，把客家文化正式提高到政治體系，之後有客家電視，出現客語的節目、推廣客語音樂。後續當然有客家的學術研究，這些社會運動要匯整成一個文化，需要一些學術的累積。現在高雄師範大學、陽明交通大學、中央大學、聯合大學都有客家研究所。

目前臺灣有很多客家的意象慢慢會凸顯，如木雕、擂茶、山歌、東方美人茶、紅麴、仙草等，其中最多的元素就是食物，不管它是被創造出來，或過去曾是一個小地方的東西，慢慢的都在臺灣的大街小巷，或生活中扮演重要的角色。它不一定是100%的客家文化，我們經過收編、轉譯、融合變成客家文化。

郭忠豪

現任臺北醫學大學通識教育中心助理教授，美國紐約大學歷史系博士。研究領域為近代臺灣食物歷史與文化，著有《品饌東亞：食物研究中的權力滋味、醫學食補與知識傳說》，以及中英文期刊與書評數十篇。

如日本的飲食文化其實很多都是借重外國元素進來，吸取外國文化變成具有自己特殊風格的日本料理，像拉麵早期是廣東人到日本橫濱港口工作，最後將日本稱的「支那麵」、「南京麵」帶過去，經過日本人改變食材、調味方式，變成日本拉麵。客家飲食文化過去較多是醃、晒、醬、麴，認為它是肥、香、鹹、油，這有沒有可能進一步改變？這有學者的研究，可經過「Reduce、Reduction、Reuse、Recycle」。我覺得客家菜若要走向國際化的脈絡，可學習泰國菜推廣的方式，因為政府的力量，讓泰國菜成為文化輸出，所以不管是否真正的道地，它在美國是一個相當成功的菜餚。客家菜若要從家常菜，走向國際化、大眾化，有幾個步驟：第一是標準化，讓廚師或消費者了解客家菜；第二是專業化，餐飲學校都非常成功的培養很多廚師，無論在臺灣或國外，都能扮演讓客家菜走向國際的角色；第三是商業化，例如最近有臺灣豬的標誌，消費者能在購買前，可以認定這個食物的種類，進一步來消費；最後一步是市場化，客家菜有必要跟其他族群進行對話，知道與其他族群菜餚的異同之處。

古碧玲：其實前面兩場，一直談到如果要輸出，泰國菜是一個很好的典範，泰國政府開始輸出泰國菜時，就已將它做了標準化，即便它在全世界開枝散葉，但食材、餐具還是跟泰國購買。我覺得它在全世界做得滿成功的，只要進到那個空間，你就知道那是泰國菜，表示整體的印象是非常完善的。接下來想請黃森松老師分享，他深耕美濃，對美濃的飲食應該很了解。

誰是客家人？什麼叫客家菜？

黃森松：大家好！我是黃森松，高雄市美濃區竹頭背人，我父母親的祖籍是廣東省梅縣白渡鎮，在座我是血統最純正的客家人。我要請教大家誰是客家人？什麼叫客家菜？兩年前，客家委員會提出客家美食不分區名單，有大封、薑絲大腸、酸柑茶、蔥頭酥、艾粄、柿餅、花生豆腐、東方美人茶、粢粑、客家小炒，他們說客家小炒是客家天王壓陣，其實客家小炒只是「下腳菜」！另外以前薑絲大腸是廚官菜，絕對不出桌。名單還有粄條、鹹菜乾、發粄、豬膽肝、桔醬、圓粄、仙草雞。

黃森松

《今日美濃》雜誌發行人。國立政治大學新聞研究所碩士。曾任《出版家》雜誌主編、《中國時報》專欄組記者等，創作文類有論述、散文、翻譯等，更有政論集、族譜、莊志、村志、廟志等著作。致力於推廣美濃文史，著有《廣興莊老夥房》、《美濃菸葉興亡史》、《看到，美濃三百年》等。

1987年北京市「中國國際廣播出版社」，介紹廣東省梅縣時，提出了八道梅縣地區的客家菜，如清水鯇魚，客家人來到臺灣後全住在山上，但在原鄉的水庫有四大家魚：鯽魚、鯉魚、鱅魚、鯇魚，都可以做魚丸和生魚片，另外還有鹽焗雞、醋溜魚、梅菜扣肉、水晶肉、捶肉丸、釀豆腐、蘸仔鴨。這八道菜，我民國66至70年，在美濃的東海飯店都有吃過，現在通通都沒有了。民國40至50年代，吃完面帕粄，牙齒刷三遍，嘴裡仍充滿香氣，現在的面帕粄沒有香味，因為米改變了，以前都自己種在來米，收成後在太陽下晒，再放兩年以上，用石磨磨成米漿，加入熱水與地瓜粉，過去米與地瓜粉的比例是10：1，現在一斗米卻摻入五斤以上的地瓜粉；過去油蔥是將紅蔥頭剁成一顆顆曝晒，接著下面墊豬油渣剁一剁，再拿去炸，不用再加什麼油，現在可能是用果汁機打一打而已，煮出來的東西當然都不同了。以前的客家菜與福州菜有很大的區別，現在美濃的宴席菜幾乎還是福州菜，是從旗山傳到美濃的，仍是所謂的「菜店菜」，那些湯湯水水的就是福州菜。

古碧玲：我們知道飲食文化會與時俱進，其實不一定！也許是與時俱退。我想飲食都會受到不同文化的影響，我相信每一個國家都會有這樣的狀況，難免會因為接觸了其他的文化，或物產的改變，會有演進的狀態。接下來把時間交給慧宜，她實際在美濃耕作，也知道美濃有哪些物產是適合再繼續發展的。

從食物就能看到文化和自身對環境的認同

李慧宜：大家好！我是李慧宜。我是美濃媳婦，本身是新竹竹東人，我母親是竹東人，父親是外省人，來自廣東梅縣隆文鎮。我也從小就有吃剁（捶）肉丸，那是我心目中的客家菜，但我沒在新竹竹東吃過。黃老師說到的釀豆腐，我從小就跟父親一起釀豆腐，尤其過年過節，我父親會先把肉丸剁碎，加一些他記憶中的原料，如

魷魚乾、乾香菇，他會把肉丸剁一剁塞進豆腐裡，釀豆腐有的是煎的，有的是煎好再煮湯。這是一種政治認同或國家認同的延伸，也是自我認同的摸索，單從食物就能看到文化、看到自身對環境的認同。

無論是中國還是臺灣的客家菜，最大的共同點是農業性格，我以前是環境記者，我在看農村時，會特別從生態多樣性的角度，先看水和山，在這樣的環境中可以種出來的作物，或可以畜養的家禽，像美濃豬很有名，現在美濃豬的基因留在六堆豬身上，美濃豬已經消失。這

李慧宜

以農為核心，職志三農與環境議題，身兼記者、作家、導演與農民。2008 年以「農村的生存遊戲」獲曾虛白先生公共服務報導獎。2018 年以「北農休市風暴系列報導」獲卓越新聞獎。近年著有《農村，你好嗎？》、《美濃，正當時》等書。紀錄片作品有《縱古流今高屏溪》、《米倉的孩子》等。

是美濃大圳，它灌溉了 5,000 公頃的旗山、美濃的農田。美濃人會用水利地、畸零地種鄉下人自己家裡吃的食物。這些年來美濃的白玉蘿蔔非常有名，其實白玉蘿蔔是在這麼狹小的畸零地中種出來的，它是臺灣加入 WTO 後，不再種菸葉，畸零地的菜慢慢擴散、延伸到較寬廣的田地，取代了菸葉種植的那些面積。

我從 2010 年開始種白玉蘿蔔，2002 年臺灣加入 WTO 後，很多農民不知道要種什麼，就隨意種或是休耕。我會跟家人一起醃蘿蔔，以前人就是這樣保存白玉蘿蔔的，一條蘿蔔可以做蘿蔔絲、蘿蔔乾、蘿蔔苗、老蘿蔔，這就是剛剛郭老師說的綠色食材。「臺菜詩人」林祺豐主廚，他三年前來美濃用兩年製的老蘿蔔乾，三種不同

型式的蘿蔔做「三代老蘿蔔湯」，林祺豐主廚當時說：「我沒有創新的機會」。因為傳統文化就已經充滿意想不到的創意。2007年時，帶我爸爸的骨灰回去梅縣，我在那裡看到了菸田，當時覺得大自然好神奇，跨越了國界，讓我發現中國跟臺灣的農村的共通性，非常感動。原來我爸爸做的剁（捶）肉丸與釀豆腐，是在這樣的環境做出來的。

梅縣是種春菸，美濃種秋菸。我在中國大陸的梅縣，吃到最讓我魂牽夢縈的就是豬肉，他們的豬會養一年半以上，不像我們的白豬只養半年左右就殺了。在我們心裡食物是沒有國界的，既然沒有國界，就沒有全球化或國際化這件事，所謂的國際化或全球化，還是以商業的脈絡，或是把整個國際當市場在思考，可是往往這樣的思考，很容易過度服務觀光業或國際觀光客。我會很期待，我們提向外思考如何國際

臺灣高雄市美濃區，秋菸菸田。（照片提供／李慧宜）

化之前，一定要先認識自己生活的環境，我從小吃桔醬，桔醬是全世界唯一在臺灣北部客家人才有的食物，我們要認同這件事，並且理解它的生長環境。如果我們沒有能力認識自己，很難跟世界對話，只能進入世界工廠裡面。這樣的理解，才能真正思考，當我們要迎向國際，或跟不同國家、族群的人對話時，我們會跟別人說什麼樣的故事？因為食物不是吃到肚子裡的，食物是「You are what you eat.」

古碧玲：我覺得澎湖最棒的就是硓𥑥石屋，冬暖夏涼，以及菜宅，但現在去澎湖吉貝嶼，硓𥑥石屋全都已經被廢掉，屋頂坍塌，因為沒人住，壞掉的家電和摩托車都往硓𥑥石屋丟，現在全都用鐵皮屋，並開始做許多海上的觀光活動，所以觀光客稍微玩一下就覺得很無聊，他們已經忘記為什麼人家當初要來這？慧宜的提醒非常重要，你必須先認識自己有什麼，而非去討好外面的人。我曾說我父親喜歡吃橄欖乾，我想我爸爸他們以前可能家附近，或田裡有種橄欖樹，以致於他們把橄欖變成醃漬食物中很重要的提味配菜，可是來到臺灣，環境可能不適合種，就沒有種，就不見了。這讓我們思考，有些東西被丟掉、被留存、被變樣的原因，這跟環境的變化一定有很大的關係。接下來有請昭景老師，無論如何我們都要培養人才，人才的培養有很多種，我們把這個部分交給昭景老師。

傳承遙遠的手藝，發揚在地的食材

楊昭景：我本身是閩南人，但從客委會民國90年成立，我在高雄餐旅大學任職中廚系主任時，民國91年我們承辦了推展客家飲食文化的活動，自那時至今，其實就飲食上來說，我喜歡客家菜遠勝於閩南菜。在這30年的教育生涯中，我一直在想怎麼讓臺灣內部的飲食文化能在世界舞臺被看見？所以58歲退休後，我做了「思想・起文化廚苑」所秉持的也是這樣的理念與夢想。剛剛在照片展示中，林祺豐主廚與趙

冠林主廚參加的白玉蘿蔔記者會，我們一起到美濃去做展出，當時林祺豐主廚說：「我沒辦法在這個菜上再創新了」，沒辦法創新的是美味的傳統，飲食若要能被大家看見、成為族群代表，或者要能源源不絕的流傳，「美味」一定是首要條件，所以味道是很重要的，當我們說到要對外推廣時，要回過頭來看自己在地的味道，飲食會一直改變，一方水土養一方人。

楊昭景

思想・起文化廚苑創辦人兼苑長。原為大學教授，教學研究領域為客家飲食文化、綠色飲食教育及臺灣廚藝教育。三年前提早退休開設思想・起文化廚苑，作為與社會大眾互動之平臺，希望能將臺灣飲食文化推廣至國際舞臺。

我們都是從原鄉移民過來的，時間的前後不一而已，有很多飲食、祭祀的傳統，都是從那邊引伸過來的。我比較持開放的角度、心態，去看待我們這邊的飲食文化的發展。一個菜餚的構成，食材很重要，再來就是技法，這兩者組合起來就變成菜，接著必須要有其他的，可能是文化的附加價值，或是商業的推動，它才能擴大。其實客家菜的美好，在於對食材、味道的老老實實。以野蓮為例，這在原鄉是看不到的，它是從美濃中正湖中冒出來的，學名叫龍骨瓣莕菜，無論我們是否將它當成客家意象，我們清楚這個東西是在這個地方被創造出來的。又說到福菜、梅干菜是從原鄉過來的，我們傳承了如此遙遠的手藝，在這邊我們有這個環境。這些都是庶民的飲食、食材，我們如何將它高檔化？需要標準化與故事化，並非編撰的故事，而是扎實的故事。法國有燜雞、鵝肝，他們註解了形成的過程，雖然很不人道，但後來也變成商業炒作下很暢銷的東西。客委會在推動客家飲食文化人才的培養時，從全臺所有的客家聚落，整合了朗

郭忠豪，《品饌東亞：食
物研究中的權力滋味、
醫學食補與知識傳說》，
2022年，臺北：允晨文
化。（照片提供／ 允晨
文化）

由黃森松所發行的雜誌《今日美濃》。（照片提供／
文訊文藝資料中心）

李慧宜，《農村，你好
嗎？》，2017年，臺
北：果力文化。

朗上口的四炆四炒，為了方便讓大家了解客家菜的味道、特色，其實客家菜很多元，所以客家菜的部分，我會提醒先看看食材的代表性，再來是技法上的講究。餐飲要能打動人心，美味是要素之一，接著是食材的情感、故事性，故事性傳遞了做菜人或者當地的飲食所發展出來的內涵。光在臺灣，北部、南部、中部、東部都發展出不同的飲食特色，但最終我們還是希望大家要有共識，客家菜的精神、文化內涵，還有何謂經典特色的食材。

我們所堅持的傳統，要做到什麼程度才算？

蘇量義：我是蘇量義，雲林「阿義廚房」主廚。虎尾基本上是一個移民的小鎮，因為有了糖廠後，人們進到這裡，有人選擇定居，有人交易後就離開。我住在虎尾平和里，我們小時候也有菸田，最興盛時曾有七座菸樓。在我們家前面商店，那一整排的鄰居，從小玩在一起，我也沒意識到他們是客家人。其實我的中餐老師是客家人，我跟他學過一些客家菜，像大封、東坡肉。我開無菜單料理餐廳，最主要是能夠符合當地人想要吃的那種狀態，所以我的東坡肉製程很繁瑣，醬汁也有很多種。虎尾有一座釀酒廠，專釀本地的威士忌，與用虎尾糖廠的糖蜜跟雲林產的甘蔗釀出來的蘭姆酒，酒體有甘蔗的香甜味，它的味道非常適合做東坡肉。

光是東坡肉就經過這麼多的沿革、改變，更不用說下面鋪的菜。我覺得我們在培養一個廚師時，也要培養他的文化內涵與說故事的能力，其實這很難全都結合起來，我遇到很多廚師很會做菜，但不會講，反之亦然，真的很可惜！我因為剛好是學設計、念文學，接著變成廚師，這整套我都可以自己操作。以法國的馬賽魚湯為例，你說它很著名，可是其實又不然，漁夫只是在漁港撈取剩下的魚，當場煮成魚湯，他們會放番紅花，煮出來的湯是金黃色；為了飽足感，我會在馬賽魚湯裡加馬鈴

薯、紅蘿蔔、貝類、龍蝦殼，讓味道更豐富，但在增加的同時，會產生一個困惑：我們所堅持的傳統，要做到什麼程度才算？比如醃梅干菜時，若我們改變它的風味，用較細緻的、南非的沙漠鹽，梅干菜的味道會變得不太一樣，變得更高級，但這樣是否就不符合原先為惜物而製作的觀念？對廚師來說，我不知道如何定義傳統性。

蘇量義

阿義廚房主廚、雲林作家，國立臺東大學兒童文學研究所碩士。多次榮獲雲林文化藝術獎、文學獎。阿義廚房重視料理與人的關係，餐桌上的菜有著說不完的故事，從手法到出處，料理一則又一則的寓言。

是否就像老師們說的，我們做文化、菜系輸出時，是否能有一個SOP或文化論述？一個菜系會流來流去有兩個原因：移民與觀光，移民時就算當地沒有食材，但煮法與技法會延續，觀光就是將食物帶回來重現這道料理，讓當地人透過食物了解異國。反之，廚師去到某個地方，把料理煮出來給大家吃，讓他們了解臺灣，是否要透過同樣的方式操作？所以廚師要有訴說的能力，因為有時候文化人寫的東西較艱深，如客家人的傳統節儉精神，但對我們來說節儉的幅度很大，又很主觀，我無法分辨客家人的節儉在哪？因此要有一個說法。我看了資料，才知道客家小炒中的魷魚，在民國50年前沒那麼常見，再者是我吃過客家小炒做成的披薩，披薩是載具，那它是否還算是客家的客家小炒？客家料理要到什麼程度才能稱為是臺灣的？超過這個範疇，我們是否就要稱之為創意料理，不能稱為客家菜？

古碧玲：米其林是一個很重要的影響，讓很多世界上著名的餐廳，有很多創意，與

位於雲林縣虎尾鎮的阿義廚房，為預約制無菜單料理餐廳。（照片提供／蘇量義）

希望於當地取用的食材，如Noma餐廳，他們一直強調自己是丹麥菜，但主廚是馬其頓人。他們堅持要用丹麥當地的食材，大家都說不可能，中間經過很多變化、辯證，最後大家都真的認為Noma就是丹麥的料理。飲食是一個源流，一定會因地、因時、因人制宜，但到底什麼叫純粹的東西，能代表我們做文化擔當輸出？我想聽聽郭忠豪老師的想法。

不同地區的醃醬，帶出地方的連結

郭忠豪：如果要讓海外的人看到客家，客家的核心一定要被彰顯出來，整理出幾個重要的要素再做標準化，例如義大利人很抵制星巴克，他們對自己的咖啡感到驕傲，你要一直堅持義大利的咖啡，這沒有錯，可是美國的星巴克是以很強勢的作風，在全世界打下不同的基礎，我們不一定喜歡星巴克，但它已經變成一種現象。

我覺得飲食要跟整個社會、世界的脈絡步向流行，隨著全球化許多邊界已經消失或看不清楚，是否要堅持所謂很純的客家菜？

黃森松：談到客家美食我要先糾正，客家小炒很不幸的變成客家菜。首先閩南人不會用紅蔥頭、魷魚，客家人不會用醬油膏。魷魚是民國50年代，才從阿根廷進口來的，客家人在拜祖先時，本是用活魚，雞、豬則都是半生熟，閩南人則完全不用，因為他們是用熟飯、熟菜祭拜。客家小炒是「年到初五六，有酒也沒肉」的尷尬時刻，剛好來了一個不速之客，不得不請他，剛好家裡有魷魚，就將魷魚、芹菜、大蒜拌炒待客，是客家特殊的祭祀禮儀下的產物，從這能看出閩、客間的祭祀文化。客家人對自己的食物沒有信心，其實很好吃。

李慧宜：我心目中的客家菜是，它可以容忍和接納更多的變化，只要傳統性夠強，對於自己本身的脈絡熟悉、理解也夠深入，我就覺得它不怕任何改變。我們對於既有的東西理解多少？我們接納它可以有多少轉變？當我們開放度、理解度都夠時，我相信傳統不會消失，創新也不會落後，飲食是認識我們這個族群、島嶼的介面。

楊昭景：我會比較著眼客家的食材，我們現在看到的是整個臺灣整合的，對客家菜的意象。料理是出自於臺灣原來的食材是很重要的，也要能找出臺灣的味道，現在我們要推向世界所遇到的問題，我覺得是表現手法，因為我們的傳統是圍圓桌上有大盤大菜，但西方會期待看到個人化，或有美學的餐點，那我們如何表現？飲食文化是不斷流動，哪怕今天講到的傳統美味，我相信都是經過融合而來。我敢預言十年內，臺灣飲食的味道一定有東南亞的酸、甜、辣，這個味道一定會出現。

張淑玲：我是去年從臺北回到臺中的新進農友。我之前一直在思考客家菜與種植的

過程，如何凸顯客家文化，及客家的價值？客家菜是否能回溯到我們的祖先，來到這個地方的目的是什麼？最基本的核心價值在哪？因為一定會就地取材，這是我們最大的強項，例如臺中有「醃醬」，我們的祖先來到這，不可能帶太多食材，只有幾樣最簡單的食材，它就會發展出產業、加工品、生活，它也對應到我們與原住民的關係，不同地區的醃醬，也能帶出地方間的連結，最後會成為一個地方的樣貌。

古碧玲：今天我們會談客家，我覺得是在講永續的概念，客家人很會做「保存食」，藉由這個機會做「保存食」的推廣，因為地球已經被我們破壞得差不多了，我們一直在縮減人類在地球存活的時間。

延伸
閱讀

四炆四炒

客家委員會為建立客家菜之定義，邀集學者專家會商討論，將「四炆四炒」界定為客家菜的代表，以利保存與推廣。炆與炒是料理手法，炆為小火慢燉，炒為大火快炒。「四炆」指炆爛肉、鹹菜炆豬肚、排骨炆菜頭、肥湯炆筍乾；「四炒」指客家炒肉、豬腸炒薑絲、豬肺黃梨炒木耳、鴨血炒韭菜。客家菜以不浪費食材為核心，最大程度地發揮食材價值，且色香味兼備。（照片提供／陳淑華）

客庄創生
（新竹）

北臺灣客家庄的誕生與世界緊密相依。在鍾肇政、吳濁流、李喬等大河小說家筆下，桃竹苗的客庄呈現經典式的三層地景，分布著水稻、茶葉以及柑橘。這些跨越百年的地景，是鄉愁的滋味，也支持客庄的開展。在台三線，一層地景是一個時代。戰後，北臺灣客庄靠近大都會區，大量人口外流，客家居民來到都市受到欺壓，引發了客家運動；當代，30年過去了，都市擴張到客庄門口，地景被劇烈改變，老街變成夜市、淺山變成露營區、門前馬路變成重機飆車場。這些顯示著：世界位移了，國際廊道不再是台三線，如今西移了20公里到科學園區。台三線從生產的定位，轉移到再生產，各種資源加速流失，客庄因此需要創生。

因此，我從客庄的歷史過程與處境邀請在地青年一起來參詳，試圖跳脫傳統客家議題多著重於客語的討論，從結構性命題以及具體操作模式著手，探討：

1.後客家運動的客庄發展：客家運動已經30年，當初的成果無疑提高了客家族群的天花板，但與此同時，客庄的地板持續陷落，該如何應對科學園區擴張的衝擊？

2.行政升格下的客庄：桃竹苗原為客家區，但分屬不同的行政區管轄，割裂客庄的實際生活，竹竹苗合併是否有助於客庄治理呢？

以上兩個議題鋪墊迎來「客庄地方創生」的總討論。綜觀台三線長時段的發展，我們因世界體系而起，未來之路在於如何再與世界體系對接，而客庄青年則是此階段客庄命運所繫之擔綱者。

召集人 邱星崴

後客家運動的客庄發展

時　　間：2021 年 12 月 18 日（六）14:00 至 16:00
地　　點：或者書店（新竹縣竹北市文興路一段 123 號）
召 集 人：
　　　　邱 星 崴／國家發展委員會地方創生青年培力南庄工作站主持人
與 談 人：
　　　　吳　　界／新竹縣九讚頭文化協會理事長
　　　　邱 盈 滋／桃園客家青年會副祕書長
　　　　陳 祺 忠／苗栗縣自然生態學會理事
　　　　葉 日 嘉／新竹縣頭前溪城鄉好生活促進會理事
　　　　葉 明 政／國立陽明交通大學客家學院博士生
　　　　羅　　傑／竹冶設計公司負責人
記錄整理：羅 亭 雅
攝　　影：汪 正 翔

邱星崴：今天與談的青年來自桃竹苗，多是和我一樣，在很久以前就回到家鄉投入，目前主要活動在台三線一帶的客庄，像是桃園龍潭、新竹關西一直到苗栗大湖。很難得有這個機會可以一起討論現在臺灣很重視的「創生」議題，創生翻作客語應該稱為「返生」，客庄現下也該思考如何「返生」。

本次的主題為「後客家運動的客庄發展」，為什麼在客庄發展之前，又加了「後客家運動」呢？是因為約在 30 年前有一場大型的客家運動：「還我母語運動」，許多客家鄉親第一次站在臺北街頭，表達當時五大訴求，希望能成立客家學院、客家電視、客家電台、將客語視為國家語言、設立客家基本法，這些訴求至今全部都落實了，以臺灣的發展來說，算是相當難得的社會運動，而在訴求全都實現的情況之下，現今的客庄面臨到什麼樣的情況？要如何做？這就是我們今天

邱星崴

現任客家委員會諮詢委員、國家發展委員會地方創生青年培力南庄工作站主持人。2014 年成立「耕山農創公司」，並租下老屋開設「老寮」青年旅館。長期在客庄從事地方工作，歷經社區營造、社會創新、農村再生以及地方創生，致力於客家文化的保存與轉化。

要討論的兩個主題。首先，先請葉明政分享十多年前在六家地區以及璞玉計畫所看到的情況。

打磨璞玉，新興城鄉後的下一步

葉明政：我是居住在臺北的閩南人，目前是陽明交大的博士生。之前在中研院有做過農村計畫調查、口述歷史的工作。客家的相逢起因於在新竹念書、工作超過十年，因此對於城鄉變遷和土地運動有很深的感受。璞玉計畫從 1999 年到現在，一直都是土地徵收很大的爭議，每年會不時在內政部都委會土地徵收專案小組被提出討論，此外，也會看到在地的客家鄉親站在不同的角度，去訴說他們的立場，無論是支持保留在地客庄及農業的

葉明政

現就讀國立陽明交通大學客家文化學院博士班。與客家相逢，始於新竹的當代城鄉變遷與土地運動。曾任職地方文史、田野工作與口述歷史調查等計畫助理，移動在辦公室與村落之間，以書寫記述文化。

傳統，還是顧慮到經濟利益及對於都市、高科技發展的想像，在地並不是被動感受到土地徵收的議題。有一個特別的經驗是在 2013 年時，竹北東海有座稻米育苗場，我去拜訪時，第一次看到有在地年輕人幫著長輩協作農事，其實他們一直都在，只是在面對土地徵收議題時，會看到很多老一輩的農民現身做回應，但卻不見年輕人的參與，顯現世代參與的差別。

2009年，新竹縣竹東鎮街區，員山里居民為反對當地污泥廠之環境公害而發動的社會運動遊行。（照片提供／葉明政）

竹北都市化的趨勢是從1980年代開始，1980年竹科設立、1982年新竹縣市分家，高鐵以西竹北的新興都會，以前也是客家聚落，而竹北東海是特定的農業區，以稻作和在地零星的工業為主，兩者在地景上可以看見城鄉交界的狀態。關於這些新興城鄉界域的生活樣態與集體行動的議題，地方意義所在？以及客家社群在這樣的城鄉交界，重新建構的意義在哪？我們下一步的行動會朝向現在所流行的地方創生嗎？還是以前社區營造的經驗呢？

邱星崴：謝謝明政，竹北的故事可能在其他地方也會有相同的情況，接下來請邱盈滋來和大家分享。

邱盈滋：我是龍潭人，但在新竹活動的時間也很長，曾去過很多客家地區，並做過勞動部的專案，從事地方產業發展。以龍潭來說，以前居住的環境真的是鄉下，而現在我老家居然開了第二個交流道，發現大環境真的開始改變了。我是阿婆帶大的，阿婆從小就跟我說：「我如果跟你講華語，你以後就不會說客語了！」不過有陣子我很不喜歡講客語，因為同學沒人會講，大家雖然都在家聽長輩講客語，但沒人

邱盈滋

現任桃園客家青年會副祕書長。曾參與桃園、新竹客家庄的文史工作，曾任地方產業專案經理、寶島客家電臺《寶島論壇》主持人，持續關心客家、社區、性平等議題。

會在學校使用客語，所以我在學校講客語，好像變成怪物一樣；長大後才知道，原來大家都想著，出門在外盡量講華語，以生在 1980 年代的年輕人來說，客家庄對他們而言，可能沒太強烈的感受和意義，頂多在日常中和阿婆說客語、住在夥房屋，而地處偏僻、房屋老舊、交通不便利等種種因素，也降低了後代想要留在客庄的意願。

另一個體悟是回想到待在峨眉時的經驗，峨眉的環境更偏僻，會想要留下來做事的大多是已經在外面賺了一些錢，第一可能是做生意的人，第二可能是對地方事務，如農業或社區，有想法的人，才會開始發展地方經濟；但是當入鄉者想要發展地方經濟時，又可能會碰上地方派系或是被懷疑另有居心這樣的難處。

邱星崴：謝謝邱盈滋，不僅待過龍潭，還曾在關西、峨眉等地待過。前兩位與談人對地方紋理，像是科學園區、高鐵、交流道對地方的衝擊等，都講得很清楚。接下來，邀請羅傑從空間紋理來和大家分享你所看到的事。

真是太好了，一切都沒有變

羅傑：我是橫山人，現在在關西開公司，是做「招牌改造」。當初，選擇關西的最主要原因為，關西是目前除了五峰、尖石山區以外，唯一沒有重劃區的地方。很多人認為鄉下地方沒發展，我們就覺得太好了，完全沒有發展、沒有變，從紅茶公司留下的老地圖可以看見，關西從日治就長這樣，只有局部拓寬，對我們來說很有趣。我是在做農村規劃，農村規劃不可能只做設計，應該思考到未來如何讓產業產生。一開始是從客委會「小招牌運

羅傑

現任竹冶文化設計有限公司總經理、和冶國際建築開發有限公司董事長、台三線關西街區改造計畫、新竹縣地方創生輔導團計畫主持人等。專長為鄉村規劃、建築設計、景觀設計、室內設計，與舊建築再利用。

動」開始，當時有六個鄉鎮一起做，不過因為是標案，所以很多鄉鎮在達到 KPI 後就結束，但是我們關西持續做到現在已經第五年了，整個關西鎮大概有 700 個店家、900 面招牌，我們已經改造 850 面，而且是客製化一戶一戶談，剩下的 50 面多是連鎖的店家，所以我們也做了一個自治條例，這是臺灣唯一的鄉鎮自治條例，是綜合自我們國家的自治條例、日本京都、韓國的案例而來。

剛說到街道景觀沒變，如果在沒變的情況下，把招牌變小，當有些傳統立面還留著時，可以發現老照片的街景和現在重疊。所以關西在不同時空背景之下，從街道開始，我們把周邊的一些景觀、步道、公園都整理好了，再加上有人進駐到老街，老的店家都打開來了，然後用在地的年輕人，從招牌延伸，到後續現在做這麼多事情，一開始的根源就是招牌，因為做的同時就在思考，要怎麼樣讓這件事情擴大。很多的聚落其實沒有發展、沒有變，街道都有存在著以前的感覺，有沒有辦法變回一個比較好的樣貌，我們在想能不能藉此再發酵出去。

邱星崴：謝謝羅傑分享一個小鎮如何面對衝擊而有所轉變，接下來請吳界來分享。

什麼是客家庄？是小事件的累積與環境

吳界：我是新竹縣九讚頭文化協會的理事長，主題「客庄的發展」，我想從「如何在客庄生活」這件事情開始講起。前面有提到客家運動，其實九讚頭協會的成立，也和客家運動有些關係，因為在戒嚴時期對於母語有很多限制，我們第一代的協會成員發覺，解嚴後連如何講客語也不太會了，如果他這代的人不會講，下一代就更不用說了。所以他們開始做社區報，內容包含客語怎麼說、在地故事蒐集等；後來協會發展到兩、三年時，有個特別的規定，就是一定要全家人一起參加。為了讓一家人能一起參與，協會開始辦很多和小孩相關的活動，如：客語新詩班、布偶劇團等，這樣做也慢慢讓我有機會去了解「什麼是客家庄」，它其實是很多非常小的事件累積而成的。

而在文建會（行政院文化建設委員會）時期，在地曾辦過一個很大的活動，叫做「內灣線的故事」，對我來說有點像當地的文化啟蒙運動。比如內灣戲院，也是在這

個活動的醞釀之後，才開始有建築師去修復而後開放；再加上內灣線有很多車站，本來也要廢站，像是合興站、九讚頭站，也都因為這個活動，讓大家思考我們在地還有什麼地方可以來做些不一樣的事情。我之所以會意識到自己生活在客庄，都是因為這些小事情的累積，讓我覺得我真的是客家人、我真的生活在這其中。

吳界

現任新竹縣九讚頭文化協會理事長，也是浪漫台三線上的返鄉青年。目前在內灣鐵路沿線（竹東、合興、內灣）進行產業活化、閒置空間經營、整合行銷，打造跨域青創聚落。

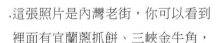

這張照片是內灣老街，你可以看到裡面有宜蘭蔥抓餅、三峽金牛角，連半個臺灣外的溪頭妖怪村都可以在內灣看到，這是近十年來，客庄非常常見的現象，不只內灣有老街，北埔、峨眉、南庄也有，客庄發展的過程中，這些過去的產業據點都變成老街的方式來經營，但是在這老街裡面，我們反而看到外來文化不斷進駐、複製跟侵略。來做生意的人都不是內灣人，居民寧願把店面租給別人，去竹東、竹北住，享受較好的生活，而去年內灣國小也首次招不到一年級新生。這樣的觀光發展下，我們在地也沒有發展得更好。

簡單總結，之前九讚頭文化協會有出過繪本，我自己很喜歡：《山狗大的星星》，內容在說，居住在山裡的山狗大覺得星星住得地方太美了，他想要去看星星生活的地方，結果到了星星居住的地方後，發現這裡雖然很美、很繁華，但卻不是他想要的生活。其實我覺得現在客庄人，除了剛剛討論的問題外，還有個更普遍性的問題

2020年，合興愛情車站，新竹縣橫山鄉，內灣線唯一的木造車站，現為新竹縣九讚頭文化協會經營。（照片提供／吳界）

——我是什麼人？我是客家人嗎？我說我是竹東來的，爸爸、媽媽講客語，可是我又是什麼人？現在如果沒有這樣的小事件和環境讓你留在客家庄，那我到底是什麼人？我覺得這是可以討論的。

無可奈何的工業侵蝕，被壓迫的生存空間

葉日嘉：我住竹東，目前是新竹縣頭前溪城鄉好生活促進會的理事。一直到我長大後才開始了解客家運動的歷史，現在回頭來看，客家運動到今應該可以算是成功

吧！但是客庄所面臨的處境及問題改變了嗎？沒有。我也發現，在竹東如果要和這些長輩講客家運動，其實他們聽不懂，也沒有那樣的脈絡和概念，但是在客家庄裡面，有客庄自己的客家運動意識。

我畢業後因為工作的關係，待過很多客家庄，苗栗、美濃、五溝水都待了很長的一段時間，現在則回到竹東。舉在五溝水時遇到的例子。五溝水是文資法新修後，第一個公告的客家傳統聚落，八八風災後有個排水工程，要在五溝水上游挖一個大水溝，從五溝水旁的溪流通過，工程會使原有的環境和生態被破壞，因此，我們找了文化部、客委會等單位來幫忙，結果發現文資法沒辦法保護客家聚落，而客委會在面對這樣客庄被衝擊時，也同樣無法阻止工程的進行；後來回竹東後，參與了關西採礦案，也有相同的情況。

像剛才邱星崴有提到，客家庄從上個世紀到現在，面對的是整個世界，你說寶山現在要面對台積電的擴廠，他其實要面對的是中美貿

葉日嘉

現任新竹縣頭前溪城鄉好生活促進會理事。畢業後投入基層社區，在新竹、苗栗、高雄美濃、屏東五溝水等南北客家庄，進行各種小計畫、小實踐、小行動。關注文資、湧泉、山林等環境議題，及地方治理等基層民生生活。

2018 年，竹東曉江亭洗衫坑，綠美化工程事項及河川環教文史導覽活動。（照片提供／葉日嘉）

易、資本主義的發展，這是我發現到在地方上所面對的問題。

陳祺忠：我在竹南出生，老家雖是大湖新開，但我從小在竹南長大，後來到高雄工作，28歲回到苗栗後加入了「捍衛苗栗青年」組織，那時帶的自助會像大埔張藥房的秀春姊、華隆自救會的阿姨，大部分都是客家人，我從那些運動裡，開始慢慢跟苗栗產生連結，也跟客家產生關係。目前是臺灣石虎保育協會棲地保育專員。講到客家村落面臨

陳祺忠

現任苗栗縣自然生態學會理事、臺灣石虎保育協會棲地保育專員。曾加入捍衛苗栗青年聯盟，除了三一八學運外，主要參與苗栗華隆、大埔、崎頂等自救會。亦舉辦草根營隊如三義石虎工作坊、後生尋庄等。

到的問題，我認為石虎可能是代替客家人去承受外來入侵感受最深的野生動物，因為石虎需要很廣大的棲地又是淺山動物，淺山的開發壓迫著石虎的生存空間，就如同客家人一樣。

舉例來說，苗栗面臨農地變更光電審查機制，要在農地上裝設太陽能光電板，詢問政府部門各級官員，對於開發的意見是什麼，大多持贊同的意見，認為老人家無法耕作，把土地賣掉就是最好的結果，但當所有人都是這樣想的時候，你唯一能做的就是能跟在地人做朋友，告訴他，現實面的做法不只這樣。

我覺得客家運動的重點始終在於客庄，不能在臺北或在大都市裡面推行，這會失去意義，且最重要就是客庄的保存，包含其他與談人說的文化地景，還有生活記憶。

前期的客家運動，訴求的是感受到客語和客家文化的消逝，可是我們後期的後客家運動，它代表的並不一定只是客庄，還代表著農業被工業侵吞。

另外，就是要怎麼讓客家的青年或中年，甚至想要入鄉、喜歡客庄的這些人才，能夠真正活在客庄？客庄的工程，到底要服務誰？這才是我覺得後客家運動，我們這個時代面臨的問題，也是解決問題要思考的重點。

邱星崴：大家分享了很多關於客庄的問題，以及大環境變化對客家庄的衝擊，不論是竹科、交流道，無論怎麼樣的開發都有這樣的衝擊，第二部分，想請大家分享這些情況要如何去面對。

廣泛討論，不論年齡與平臺

邱盈滋：客委會限於法治的關係，可以處理的事務有限，但我想表達的是，對於公共性討論的重要性。現在有客家電視、客家公共傳播基金會的講客廣播電臺，會走入客庄，應該要讓地方上的人有多一些機會參與公共議題的討論，而當議題少了公共的參與，就不會有公共的領域去討論客庄該如何走，沒有討論就會自動被淘汰。此外，也需要促進跨部會間的討論，對於客庄的政策，不僅限於客委會而已，其他對應的單位也應該一起參與討論，破除法條面硬性的討論方式，從中找到可以處理、協商的空間。

陳祺忠：回歸到我剛剛講的客家運動必須發生在客庄，我覺得村民大會的型態搞不好需要改變，它需要一個轉譯的人。你問阿公、阿婆：「這次銅鑼科學園區要來，它的氫氟酸排放要六倍，你有什麼感覺？」直接這樣問他沒有感覺，因此需要跟長輩

溝通的人，讓他們理解這個議題，也讓他們的想法能夠被完整表達，我覺得公共討論的形式在當代應該有個更好的轉變和表現。

邱星崴：剛剛講的公共機制、電臺、電視臺等這個東西，全部都算是客家運動的成果，這些成果應該要服務全部的客家人。不過現在我們所面臨的問題，是在客家庄發生的，而全體客家人的問題不一定是本庄的問題，這個落差要怎麼樣去面對？所以等一下希望就這個面向來討論，在本庄、客家庄看到的是什麼？要如何去面對？

葉明政：第一波客家運動的成功，就是我們確實創制了很多平臺，講客電臺、客家電視、客家村民大會，或者是網路看到的種種管道，很多元沒錯，各位也都提到共同的問題，客庄、本庄人到底要怎麼去觸及，有沒有更親民的方式，讓這個工具能夠活用。

回到我第一部分講的主題，我的意思並不是在地的年輕人完全沒有做事，實際上是有一些在地人回來，從事不同的產業，餐飲、咖啡廳等，或許聽起來很文青、類似中產階級的想像和品味，但確實是可以使在地、鄰近鄉鎮的居民重新看待、聯繫這個地方的一種方式。

陳祺忠：應該是說，我們如何在客庄培養這些人？讓這些人知道，要怎麼樣幫助在地？我覺得才是重點。

突破了天花板，地板卻消失了

吳界：剛剛有說到這種日常小事件在現在之所以很難發生，是因為第一個沒有人，

第二個沒有錢。過去有很多這種非營利組織，靠文化部等各種部會經費來辦活動，但是經過這十幾年，其實政府的公共預算越來越少，沒有機會去做。那如果把這些小事件變成是日常，可以怎麼做？我覺得找到一個可以長久來做的模式，不依靠別人，而這也是現在很多客庄青年在做事情時的切入點。我必須說，現在的客庄雖然碰到很多發展上的問題，但是我覺得過去客家的運動一直在解決問題，那有沒有可能去發展機會？這反而是現在大家可以一起思考的問題。客家運動不是在保存客語而已，而是在看到未來十年客庄的發展到底有些什麼樣的機會。

邱星崴：30年前的客家運動，它幫助客家族群去突破族群天花板，不過，30年後的問題是，我們的地板不見了，土地被徵收、文化技藝失傳、人口大量流失、豪華別墅取代夥房等等。邱盈滋提出的是說，族群天花板的發展是否能幫忙吊住地板，讓我們可以一步步繼續往前。而吳界講的則是說，我們的在地知識或意識有沒有可能回過頭來，讓我一路踩穩，或許在未來可以支撐我們所面臨的族群天花板困境。我想這兩者之間可能要相輔相成，客庄才有機會繼續往前走。

葉日嘉：我認為我們這些年輕人在遊歷這麼多客庄，又回鄉之後，這件事情慢慢地在我們身上發酵，也有一些成果出來。客家運動下個階段要做的事情是保護客家庄，讓客庄留起來。如現在在推廣的客家語言巢，要先有環境，才能培養客家語言和客家文化，這其實是同樣的一件事情。還有一個是客庄論述的主體性，為什麼內灣、北埔、峨眉、南庄這些老街，會看不見在地特色，講起來有點抽象，其實就是我們客家人要如何去面對在地的生活，不管是文化、信仰，這就是我們的生活感，我覺得要讓客家庄的這些東西有辦法留下來。還有一個問題是，我認為臺灣在民主過程下個階段，應該要推動的是，地方民主化的深化。我們要推動經濟的民主化、社會的民主化，這件事情我們要做，才有辦法讓我們整個生活環境做一些改變。

參詳會後合照，左起：陳祺忠、葉日嘉、吳界、邱星崴、邱盈滋、葉明政、羅傑。

邱星崴：重點就是在地的組織加上轉化。羅傑的例子就很好，地方有組織，關西這個小鎮，就有辦法去面對外來的衝擊，並加以轉化。

我們受客庄所滋養，也跟著客庄一起往前

陳祺忠：我覺得客家相關決策單位及在各部會擔任要角的客家人，也有義務在中央

幫我們發言，他們主要的工作不是分配預算給我們，而是由在地的客家來討論該怎麼用，這些單位和人才是否以在地客庄的立場、客庄保存及發展為出發點，才是客庄能不能抵禦嚴重資本主義入侵的一個關鍵。像苗栗銅鑼科學園區，面臨晶圓代工廠進駐、廢水排放至西湖溪，但周邊有茶葉、杭菊、桐花祭、三義等農業及觀光資源，這些資源會因為科技產業進駐帶來的外部成本，被減損其價值，回歸到本場的主軸，客庄是什麼？客庄的發展是什麼？客庄的經濟是什麼？我們是什麼？營利的模式是什麼？如果這些東西不屬於在地人，我們幹嘛要讓它進來？

客庄其實有自己的生存方式。我原本以為銅鑼人對於晶圓代工廠廢水排放西湖溪，毫不在乎，但當我在網路貼出銅科環評的事時，就有人私訊我，希望我能協助討論及說明。其實你會發現，關注這些議題的多數是年輕人、入鄉開青創產業的人，而這些人會是地方的生力軍，假設他們結成一個組織，在地方上共同運作，才能改變很多事情，但這是我們地方人能夠做的事情，客家相關決策單位及在各部會擔任要角的客家人始終還是要幫我們擋在開發的第一線，我們才有苟延殘喘的時間，長大起來。其次就是客庄需要做集合式商業服務的人，透過與在地小農、貨運業者的串聯，共創經濟。

羅傑： 我發現到一件事情，大概十年前開始，國外許多前衛的建築師已經開始把重心放在鄉村，因為他們知道，城市已經飽和，未來的發展在鄉村；他們進入鄉村之後，針對每個地域、每個區域發展自己的系統，我們客家聚落百年以來在各地也都可以發展得很好，有各自的生活方式，只要環境處理好，人自然會回流，未來還是有機會去發展自己的特色系統，那這東西要怎麼做？要如何做？其實可以運用在地本就有的產業，透過設計創新變革，再推出去。

邱星崴：簡單做個總結，以今天的主題「參詳」為例，重點是大家一起來討論，要先有「共同參與」才能「一起討論」。以《茶金》為例，建造姜阿新洋樓的工匠全都是北埔在地的師傅，他們可以用在地的工法，蓋出放眼到現在仍是臺灣瑰寶的洋樓，那個時候的人所做的事情，就如同我們現在返鄉做的事，我們青年就是客庄與外界資源轉譯的界面，「我們受客庄所滋養，我們也跟著客庄一起往前、與時俱進」，我想這就是我們一起來「參詳」的意義。

延伸
閱讀

關西街區小招牌運動

2019年由竹冶設計承攬、客家委員會補助之計畫，以關西鎮都市計畫範圍區內、台三線周邊街道（正義路、大同路、中山路、中正路）為主體，近450個店家，700面招牌參與改造，約占全鎮80%。邀請在地居民一同參與規劃，免費為店家設計、製作、安裝新招牌，更搭配客家委員會補助的電線電纜地下化及立面收整等計畫，打造舒適、安全與在地客庄意象併齊的特色街區。在標案目標達成後仍持續努力進行改造。2021年，北埔與關山亦有單位爭取補助，推動招牌改造計畫。（照片提供／竹冶文化設計有限公司）

行政升格下的客庄──
共同體與治理模式的磨合

時　　間：2022 年 4 月 30 日（六）14:00 至 16:00
地　　點：或者書店（新竹縣竹北市文興路一段 123 號）
召 集 人：
　　　　邱 星 崴／國家發展委員會地方創生青年培力南庄工作站主持人
與 談 人：
　　　　吳　　界／新竹縣九讚頭文化協會理事長
　　　　林　　辰／國立臺灣大學建築與城鄉研究所碩士
　　　　楊 有 騰／國立臺灣大學建築與城鄉研究所研究生
　　　　葉 日 嘉／新竹縣頭前溪城鄉好生活促進會理事
　　　　廖 文 琪／國立陽明交通大學族群與文化碩士班研究生
　　　　蔡 濟 民／桃園市客家文化基金會專任副執行長
　　　　羅　　傑／竹冶設計公司負責人
記錄整理：羅 亭 雅
攝　　影：呂 盈 蓉

邱星崴：今天的主題是「行政升格下的客庄——共同體與治理模式的磨合」，前幾個月有竹竹苗升格的討論，這不是一般常探討的傳統客家問題，共同體及治理模式就像是人穿衣服一樣，做事情時必須要有配合的衣褲，才能使力。今天想要深入討論的是，客庄有沒有可能以在地共同體的概念，作為縣市劃分或治理的依據？客庄又該採取何種方式來治理比較得當。

發展出屬於自己的文化邏輯

廖文琪：近年新竹苗栗等大新竹地區的都市成長、產業發展及地方生活，是一連串的空間擴張及重組所帶來的影響，例如新竹市利用中油廢棄油庫的空間進行都市計畫先期規劃、溪南溪北的交通改善及百貨商城開幕等案例，規劃的內容中可以看見它不僅僅以新竹市民為主要的目標對象，甚至已經把新竹縣竹東、寶山、峨眉、苗栗縣竹南、頭份等也納入其中，我認為很大的關鍵在於科學園區的成立，過去40年的發展下，它帶動並影響了周邊區域的發展。

廖文琪

國立陽明交通大學族群與文化研究所肄業，曾任公務員。蹲點地方並參與多年社造、館舍經營及文化資產保存等相關計畫，長期關注共同生活可能性及文化永續，歷經多種身分，現以調研、圖文創作與策展為生計，仍期待整體社會進步、田野工作新轉進。

地方若想要發展，都市化是沒辦法改變的過程，關於地方發展，每個人都可以表達

各自的意見和想法，但是希望大家能夠想想，什麼樣的東西才值錢，古早的生活智慧和技術值錢？還是蓋大樓值錢？又或許我們把人放得太大，忽略了人與自然和土地之間的關係。

新竹市國土計畫簡報。（照片來源／內政部審議「直轄市、縣（市）國土計畫」專區）

客家作為一個特殊的文化型態

且有客家委員會這樣獨立的行政單位，我認為應該要發展出屬於自己的文化邏輯，並在地方上透過集體記憶、情感、經驗等建立合作、互惠的系統，形塑出客庄特有的生活方式及價值，以期成為好的文化治理範本。

邱星崴：竹竹苗的合併是尚未進行的一個假說議題，接下來請蔡濟民來談談桃園升格前後的經驗，直轄市底下客家庄遇到什麼樣的情況，這樣的情況是不是升格就有辦法解決？

文化治理，從文學角度著手發揮

蔡濟民：我在桃園社造中心工作的期間，發現南桃園地區的社區營造非常地強，越傳統的客庄對於社區的凝聚力越強、人之間的互動也相當密切，共同體的部分就在這樣的關係下產生連結。我同時也在思考，各個客庄之間，有沒有可能再以一個更大的共同體概念來運作。

桃園在2014年後升格為直轄市，升格後有一個很明顯的變化就是區長改為派任制，各區在執行政策時，會密切地與市政府各個局處的方針進行配合，過去我們或許可以直接進到公所，把事情推展或處理掉的那種機制性，其實有稍微降低，但在整個資源運用上反而提升，當我們要推行文化政策時，甚至可以直接找局處作為協力的可能。

蔡濟民

財團法人桃園市客家文化基金會專任副執行長、客家委員會諮詢委員。元智大學藝術管理研究所碩士，曾任菱潭街興創基地執行長、鍾肇政文學生活園區駐地工作站研究人員，參與園區發展推動及地方創生實踐，關心文史、文學、藝術、文資、景觀與文化經濟的走讀漫遊。

回到共同體跟治理模式的磨合這件事情，龍潭所蘊含的議題非常多元，但缺乏一個有力的推動主軸，不過近年找到以鍾肇政的文學作品去發揮延伸，以文學地景、生態博物館的概念，跨域串聯音樂、運動、教育、藝術等多元面向，這樣的操作模式，未來也有機會成為一種文化治理的模型。

邱星崴：桃園因為是直轄市，才有辦法成立客家文化基金會這樣的組織來推動客家文化。接下來由苗栗縣的夥伴來分享，苗栗所面臨的問題。

減班裁校，人口流失的擔憂

楊有騰：前陣子有說到升格的議題，為此我特別觀察南苗栗的情形，苗栗縣政府員工加上約聘僱大概有1,000個工作人口，不過苗栗市的人口卻一直在減少，如果真的

升格，這個地方少掉這麼多人，我們的公共服務，包含學校是否會面臨減班裁校，公共交通的機能是否會受到影響，這是我所關切的問題。

楊有騰

苗栗公館長大的鄉下小孩，幼稚園前不會說華語，高中才開始體驗都市生活，曾從事政策研究工作，目前就讀國立臺灣大學建築與城鄉研究所碩士班，興趣是探討鄉村不同於都市的各種面貌，包含產業、社會文化、交通移動，正在進行基礎設施（道路）的研究寫作。

而我也有發現到頭份地區的人口一直在增加，不過十公里以外的三灣一直到斗煥坪、南庄，卻連一家連鎖飲料店都沒有，我認為這是差距的顯現。科學園區經過幾十年的發展，城鄉差距越來越顯著，就像北苗栗和南苗栗的發展一樣。

台六線這條路從日本時代開始便有天然氣和石油等礦產能源產出，大家常常說頭份以南又老又窮，不過我想大家不知道的是，中油為了這些礦產，每年需上繳100億的稅款到中央，但統籌分配款下來，苗栗看似是被忽略的地區。

此外，苗栗以前有做裝飾陶瓷、甕、缸的產業，不過在中國開放投資後，這些產業在十年內陸續關廠，但這些議題在升格的命題之下，全部都被忽略了，大家好像只看得到科技業，我們是一個共同體，要相互支持，才有辦法來成就這樣方便的都市，這些都應該是在談升格之前，可以好好思考的問題。

林辰：苗栗市是1981年才從苗栗鎮升格為苗栗市，以前因為傳統工業而發達，不過

現在在縣政府工作的人，買屋都想著要去頭份、竹南。1991年苗栗縣在做綜合發展計畫時，國立成功大學有下一個結論，苗栗不是單一發展中心，是很多分散的鄉鎮市成立起來的一個縣市，苗栗市跟銅鑼、公館為一區，竹南、頭份靠近新竹的生活圈，卓蘭靠東勢，苑裡、通霄跟大甲有一些連結，所以當我和朋友們要討論整個縣的政策或象徵時，想不出一個很明確的發展方向。

林辰

高中以前皆在苗栗市生活，國立臺灣大學建築與城鄉研究所碩士，研究題目為苗栗縣晚近之土地開發爭議、地方治理與空間規劃。曾參與基隆、四川空間規劃實習，以及苗栗縣政資料整理。

在升格議題之下，公共設施是我比較關注的部分，以目前苗栗生活圈分散的情況來說，無論把公共設施放在哪一個地方，很難促成整體的政策效率，而這種情形我想在升格之後會更加的嚴重。

其實地方治理，並不僅只是和政府、大企業有關，一般人也可以提出你對於地方的願景、想要的政策和議題，如同苗栗這十幾年來有很多的抗爭一樣，這就是一種表現和實踐。所以總結來說，對這個主題我有兩點結論，我比較關心的是，升格後要如何解決已經有的問題，第二點是升格以後，我認為一定會出現新的問題，那新的問題你要如何去解決？

羅傑：我想討論臺灣鄉村的人口外移問題和科技產業變革帶來的影響，因為我發現

臺灣太小了，小到鄉村跟城市發生了一些很特殊的變化。

新竹許多客庄具有高度儀式化的地方主義，有老城區蘊含的文化格調，如關西、新埔、北埔等，十年前關西人口約有三萬五千人，現在卻只剩兩萬七千人，在科技業發達的同時，鄉村空間雖在擴張，與之伴隨的卻是人口持續流失，甚至有在地人希望開發、外地都市人希望保留客庄傳統樣貌的矛盾狀況產生；我也觀察到一些有趣的現象，

羅傑

現任竹冶文化設計有限公司總經理、和冶國際建築開發有限公司董事長、台三線關西街區改造計畫、新竹縣地方創生輔導團計畫主持人等。專長為鄉村規劃、建築設計、景觀設計、室內設計，與舊建築再利用。

像是鄉村城市化、城市鄉村化，我們不斷地把臺灣鄉村的機能轉變為非農業型鄉村，在鄉村裡不停加蓋房子，在城市裡建立都市農場，在大樓裡種菜、養牲畜。

因此，我認為必須要重新檢討土地使用分區，就像關西有一區被劃定為工業區，範圍相當廣大，以前被當作伐木業的集散地是合理的，但現在卻變成重金屬設備洗滌場域，好像有些奇怪，土地使用分區應該根據目前的人口數、發展現況，去做定期的審視及調整，而非不斷地劃定新的區域進行開發。

邱星崴：謝謝羅傑精湛的觀察，非農業鄉村的意思是，農業跟在地的人脫鉤，才會有這樣的問題產生，我想這個情況不單只是關西，其他地方可能也有類似的情形，接下來請吳界分享一下橫山的情況。

升格後就會比較好嗎？

吳界：我覺得關於升格這件事情，我們用最簡單的算術來算，算出來有比較高的話，直觀的反應就一定是好的，較低就比較不好。《鄉鎮市對民間團體獎補助》是每個鄉鎮市補助人民團體辦理社福活動的辦法，我們各舉一個地方首長民選及官派的行政區來比較，新竹縣橫山鄉與新竹市東區每年對於人民團體獎補助金額同樣約是 250 萬元，分別除以人口數，可得知橫山鄉每人分得的金額是 192 元，東區每人只能分得 11 元，算起來橫山鄉每人領

吳界

現任新竹縣九讚頭文化協會理事長，也是浪漫台三線上的返鄉青年。目前在內灣鐵路沿線（竹東、合興、內灣）進行產業活化、閒置空間經營、整合行銷，打造跨域青創聚落。

到的社福補助平均還比較高，這是個有趣的現象，但實際用在哪裡，我就不太清楚細節了。

我們再討論一件事，社福補助會不會因為升格後，行政單位改變，而影響到這件事情？我再找同一個行政區來做升格前後的比較。新北市金山區升格之前每年的社福補助有 700 萬，升格後的當年只有 20 萬，還有一件更神奇的是升格的第二年一直到去年，社福團體的補助金零元，完全沒人去申請；我想要講的一件事情是，升格所面對的面向和議題非常之廣，不是剛剛僅舉社福團體補助金可以解釋完的，但回到鄉鎮市治理的面向來看，到底如何才能發展出更好的公私協力模式？

就我們現在來看，地方派系治理的模式在每個客庄是非常根深蒂固的，這樣的改制對地方來說是好、還是不好，我覺得大家可以來思考看看。

邱星崴：謝謝吳界提供很好的資料，讓大家參考，我也有一個桃園的例子可以提供比對。桃園市身為直轄市，有較豐富的資源，它一年花費 1,600 萬，讓復興區的人坐公車不用錢，換作以前的「桃園縣」，是無法做到這樣的福利，而關於錢該如何運用到市政上，還有其他空間可以討論。

竹東是一個很特別的地方，它有很鄉下、深山的地方，也有很多科技都市的發展，接下來請葉日嘉來分享一下，他所觀察到的竹東。

犧牲鄉村的發展，換取更多利基？

葉日嘉：我最近在看確診個案足跡，歸納出新竹縣的確診者足跡有三個主要的生活圈，他們主要在各自的生活圈內移動，我才發現新竹縣人的生活圈原來有特定的範圍，不是一個大型的生活圈的概念。

而縣市合併這個議題，我也一直在想這件事情，一開始我傾向支持，但是合併之後要不要升格，我認為有三個層面可以再去仔細討論，一個是地方的層面，一個是中央的層面，再來就是整個國家怎麼樣看待中央與地方的關係，這是互相連動的關係，並非單一或某一個角色就可以決定。

前幾天新竹市發表捷運可行性評估報告，我發現到只有新竹市的議員有反應，新竹縣的議員都沒反應，為什麼新竹縣的議員要對新竹市的可行性評估報告有反應？因

為在這個規劃裡，有一條從新竹市直接連接到高鐵的捷運線，原本臺鐵就有六家支線在新竹市與高鐵間運行，現在又多一條捷運之後，竹東人整個交通路網，往返新竹的交通幅散又更偏遠了。

現在大眾所談論關於縣市合併的內容，以我目前的看法，認為它把鄉村的土地當作整個都市化的腹地，把鄉村的人口當成人口紅利，有了這些腹地和人口紅利，就可以創造更大的利基，並有更多的分配款去建設，但這其實就是犧牲了更多鄉村的發展。

葉日嘉

現任新竹縣頭前溪城鄉好生活促進會理事。畢業後投入基層社區，在新竹、苗栗、高雄美濃、屏東五溝水等南北客家庄，進行各種小計畫、小實踐、小行動。關注文資、湧泉、山林等環境議題，及地方治理等基層民主生活。

而現在講的地方創生、地方治理這些問題，回頭來看，最根本的問題還是在於城鄉資源分配的不均，這點如果沒有辦法從頭調整，地方創生做再多都沒用，城鄉資源必須要重新去導正，這其中也包含產業區位的分配，要如何才能讓這些鄉下地方也有工作機會，讓年輕人回到鄉村？

再來講到公共治理，每次選舉時，不管是新竹縣、新竹市都會主張我們是科學城，選舉的時候都會收到手機的細胞簡訊拉票，但是當有公共政策、公聽會要召開時，老百姓都不知道消息，因為這些政治人物認為所謂的關係利益人只到村里長，可是關係利益人並不只包含村里長、廠商，在地的居民、關心這件事的所有人，都必須

被通知且參與其中，才能進行有效的討論及意見交換；這就是一個很基本的治理問題，跟升不升格無關，升格前就有這些問題，升格後還是要面對，那就應該要把這些問題先處理好。

接下來談到地方政府，我個人比較支持的，縣市確實可以重新劃分，甚至鄉鎮、村里都可以重劃，然後把村里地方自治的治理問題，可以做一個更激進的檢討，不是只在思考，到底新竹縣市要不要合併，要不要跟苗栗合併，它其實是一個地方政治、一個根本性要被挑戰的問題。

庄頭，客家人生活最小的單位

邱星崴：謝謝葉日嘉提到了第二輪要討論的議題。意即我們該如何切入及行動，升格才會是一個比較好的方式？

共同體講白話就是庄頭，庄頭是提供客家人生活最小的單位，也是200年來一直沿用的區域概念，但在不一樣的時代會有不同的劃分及名稱，比如在清朝時代有某某庄、日本時代有大小字、現在有村里社區，一直到鄉鎮市、縣市等概念，到底這些行政區域的劃分，對於地方治理有沒有加成或提升的作用，這就是我們第二輪要來討論的內容。

廖文琪：很多時候地方跟中央要求分配款，只是因為想要錢，不一定一開始就規劃要把錢用在哪裡，縣市甚至是鄉鎮市等行政單位，沒有實際知道自己要做些什麼事情。而且補助的資源也不是萬能的，不能解決所有的問題，一切都還是得回到地方上，剛剛葉日嘉也有提到，產業是否能讓年輕人，又或者是在這個地方生活的人，

他們的需求能夠在地方被滿足，不管讀書、工作、結婚、安老等，都能在地方實現。

如果在規劃者的立場來看，縣市整合這件事情我贊成，但是地方資源沒有被分配到，就不應該談合併，或者是升格。

蔡濟民：剛剛大家主要是著重在竹苗升格之後可能面臨的問題。如果以桃園的經驗來看，首先面臨的當然就是傳統結構的瓦解，剛剛有提到，鄉鎮市公所具有很大的權力，有關地方資源的分配，很容易被特定人士把持，落入地方根深蒂固的權力結構。

然而升格之後，區的權力遭到削減，有些資源可以直接跳過區，向市府申請，所以這就是方才提到，為什麼文化局、客家局、甚至是升格後所成立的青年局，可以介入資源的分配，把舊有的權力結構瓦解再重新分配，我覺得或許是一件好事，所以對於升格所帶來的地方改變，大家也不用太過緊張。

不過，桃園的情況和竹竹苗不太一樣，北桃園多閩南人、南桃園多客家人，升格前已經設有客家事務局去分配大桃園的客家資源，其實在這10年來，桃園主要著力將客家品牌化，讓客家能有所串聯。

客家的資源越來越多，現在有幾個策略大方向，山客、海客、都會客、甚至談到閩客、原客之間的關係，客家變成一個需要跟不同族群一起去做整合性行銷的時刻，最近還在討論東南亞客家在桃園，去反映桃園現在的狀況，而升格之後這件事又更明顯，這是我想和大家分享的事。

楊有騰：雖然先前認為大家是一個共同體，我們的城市要有很多地方來成就，不過也有很多地方扮演著比較犧牲、付出的角色，沒有得到一點好處。其實目前各國的發展趨勢，包括地方創生，沒有一個地方可以成功逆轉鄉下人口往城市移動的趨勢，所以當說到我們的地方該如何發展時，我反而希望能有更多的年輕人回鄉，一同思考及討論地方該如何前行。

林辰：經過今天一番討論，我收穫非常多，如果我們從縣市升格這麼大的立基點來看各個鄉鎮發展的話，可能會看不到各地實際發生及面臨的問題，所以反而激起了我想走訪苗栗、新竹這些庄落的念頭，透過實際走進各個客庄，看見他們真正的生活樣貌，以及所面臨的問題為何。

對未來客庄的想像，實際的問題

羅傑：除了剛才提到的土地使用分區需被重新審視外，還有一個很大的重點是，客庄的建築跟景觀形式需要被限制。像我最近在北埔就觀察到，舊城區蓋了好幾棟新房子，但和在地的景觀一比，顯得非常格格不入，由此可見，並不是所有規劃者都能以在地性為出發點，對景觀甚至整個城市進行規劃設計，所以我認為客庄的發展，包含區域規劃、建築及景觀等，必須要被規範，才能保有在地原有的樣貌及特性。

吳界：我認為如果未來新竹縣市和苗栗縣要談合併升格的話，確實還是會面臨到客庄發展的問題。這個問題來自於，現在的升格其實都是以科學園區為導向，目前提出的規劃，並沒有解決偏遠鄉鎮，如關西、橫山、北埔、峨眉，這些地方未來可能面臨的問題；假如未來真的合併，可能全國有一半的客家人都住在這個縣市，但未

來客庄的策略到底是什麼？這個客庄的策略已經不僅只局限於講客語、推行客語運動，而是現在生活在客庄的人，他們未來要如何繼續在這裡生活下去？這才是真實的問題。

以後確實有可能會合併，但新竹縣自己要提出一個客庄的策略，思考到底客庄面臨的問題是什麼，才能保有客庄的自體性，找到適合客庄行走的方向。

葉日嘉：以新竹市捷運計畫來說，我們必須放大整個新竹的交通網路，將新竹縣市現有的交通路網，包含內灣線、六家線等一併納入做整體的討論，否則只會落入頭痛醫頭、單點式的思考。

客家庄也需要一個良善的地方治理的模型和模式，不只是縣市政府要如何做，而是鄉鎮公所、鄉鎮、市公所及地方層級的治理模式，也必須拿出來討論，被建立起來。

邱星崴：我做個簡單的結論，羅傑講的是在地人想要出去，外面的人想進來，這就像錢鍾書《圍城》的故事內容。地方的產業跟生活和發展沒有同調，而地方生活有很基本的問題，比如長照，以前為什麼沒有這個問題，因為自己家的老人自己顧，現在因為做不到，變成政府的政策去做支持。

聽到現在，我覺得這個合併升格有點像以前我們看的卡通影集《金剛戰士》，當有大魔王來的時候，大家就必須變身、合體，集結力量面對更大的難關，現在社會發展的情況越來越複雜，當一個庄頭沒有辦法應付這麼大的問題時，合併的必要性就顯現出來了。

說不定當竹竹苗合併成為一個大城市後，就沒有客庄的存在了，這是一個制度性的問題。大家可能要多想一下，客庄要延續下去、地方是否能夠創生、返生，其實要回到我們生活之中的每個細節去看，升格之後我們的生活是不是會更好，如果會更好，我們就來繼續討論，沒有的話，我們可能要停下來，想一下到底升格要做什麼事？目的為何？升格是萬靈丹嗎？吃了什麼病痛都會好嗎？當然沒有這麼好的事情。

現在也不只是客家的問題，一直以來臺灣的公共討論都會面臨這樣的問題，有問題就找仙丹，但卻沒想到問題的解決方式還是要回到生活裡面，所以我才說，要再回到各個庄頭、在地的共同體，以客庄為主體來一同面對以後會遇到的問題。

延伸
閱讀

苗栗陶瓷產業

苗栗縣是臺灣陶瓷產業發展重鎮，除了產製過數量極為豐富的各類陶瓷產品，窯爐也是一大特色，尤其是對臺灣製陶影響最為深遠的「登窯」，以及最早由中國引入臺灣的「瓦窯」。因豐厚的黏土礦脈，日人岩本東作於1897年設立苗栗第一座窯場「苗栗窯業株式會社」，苗栗陶藝經傳承就此發展起來，一些本地人也開始設立窯廠，主要以苗栗及公館作為聚集之地。傳統生產的器物多元，如陶管、酒甕、磚瓦等，也生產一些日常生活用品。70年代，裝飾陶瓷的加入使苗栗陶業迎來新的高峰，製品如人偶、音樂盒、燈飾等精緻作品。到了90年代，工廠外移，產業轉型，朝向手工陶藝發展，柴燒又回到主流，風格獨特，作品以藝術收藏為主。圖中為金龍窯柴燒作品。（照片提供／文訊文藝資料中心）

北客地方創生

時　　間：2022 年 7 月 2 日（六）18:00 至 20:00
地　　點：左轉有書（臺北市中正區鎮江街 3-1 號）
召 集 人：
　　　　邱 星 崴／國家發展委員會地方創生青年培力南庄工作站主持人
與 談 人：
　　　　邱 靜 慧／美濃愛鄉協進會總幹事
　　　　陳 建 成／共發實業共同創辦人
　　　　黃 文 詣／橘二代創辦人
　　　　劉　　奕／無負擔農場返鄉青年
　　　　鄧 君 婷／滾回家部落格經營人
記錄整理：羅 亭 雅
攝　　影：汪 正 翔

邱星崴：討論客家時，一般都會有刻板印象，說到北部客家人就想到茶園、山林，停留在本質化的討論，認為客家人本來就是這樣，但其實這是有一個歷史演進的過程，客家人並非一開始就從事這些產業。比如廣泰成墾號，是開發台三線很重要的組織，範圍涵蓋苗栗市、大湖、卓蘭、西湖，古文書裡提到，廣泰成的產業有80甲的菸田，這顛覆了北部客家只有茶園的印象，只有還原到當時的政治、經濟背景，才能對客家庄有更深刻的理解。

除了耕山耕田外，客家人也曾有過很風光的時候，因為產業的發達開始與世界脈動產生連結，如臺茶興盛時，日本人直接飛到新竹關西來買茶，現在客家庄好像只剩下老人、小孩、好山好水，客家庄變成一個被人消費的地方。所以今天請大家分兩種層面來討論，第一是分享對於家鄉的印象，是否觀察到有些不一樣的轉變，第二是回鄉後要如何看待並承接家鄉的轉變。

馬告、蠶絲、樟腦，雲霧裡的家鄉

黃文詣：從關刀山看下去，大湖位在一個南北向的縱谷上，當起霧時，大湖像是被埋在雲霧裡，如同一個大湖泊一樣，這是大湖名稱的由來之一。

大湖在150年前起，從原住民的領地，一直演變到有漢人進駐，原漢透過出草、設隘維護族群利益，大湖隘勇線雖短，但駐紮的兵力卻很密集，顯示出原漢關係的緊張，後來原住民與客家人開始通婚，使得族群間的爭鬥慢慢減少。

而大湖每個階段都會有特殊的經濟作物來引導在地農業或產業的發展，如最早是原住民的馬告，到了劉銘傳時代，開始養蠶、成立蠶絲學校，解決日常衣著問題；日

本時代開發樟樹資源、焗腦，因此本地有很多地名都是以腦寮的制度「份」來命名，樟樹資源減少後就繼續利用焗腦的設備焗製香茅；最後則是茶產業和草莓陸續興起。大湖的文化、產業進程就是以這樣的脈絡發展起來的。

邱星崴：謝謝黃文詣清楚地交代大湖150年來的歷史脈絡。苗栗市不同於以往我們對於客家庄有山有水的印象，是一個客家城市，其不同之處，接下來請陳建成來分享。

黃文詣

橘二代創辦人。2016 年初回鄉的青年，起初懵懂，並不了解什麼是地方創生，僅憑著一股對農村的熱情參與社區推動農村發展。現受邀擔任大湖鄉鄉長機要祕書一職，立志為推動地方前行，讓農村更美更好。

當價值觀與生活逐漸脫鉤，客家的集體意識該如何凝聚

陳建成：苗栗市以前是相當重要的交通樞紐，後龍溪流域的資源包含木材、樟腦、石油等，都會進到苗栗市轉運。苗栗市以陸運樞紐的地位，帶動南苗地區的發展，包含市場功能漸起、行政單位進駐，1903 年苗栗火車站在北苗落成，主要的交通、行政功能從南苗逐漸移往北苗，苗栗市鎮內變成雙核心的概念。看起來北苗獲得榮景，但時過境遷產業再度轉移，後龍溪的香茅、樟腦、蠶絲、石油，衰減或運輸方式變革之後，作為因為交通樞紐而發展起來的城市，它還剩下什麼？

接下來想要跟大家分享一些在我成長過程中所遇到的感觸。以前媽媽都會叮嚀我，

叫我不要管別人的事，管好自己就好，以後當醫生、公務員或去國營企業上班，生活才穩定，因為這就是苗栗市常見的生活型態，這段叮嚀是背後意涵「穩定的生活」，或許是期望子女可以有更好的生活，不要如他們那般刻苦的「硬頸」生活；接著，國中老師說苗栗人是三等國民，要努力讀書到外地發展，這句話在當時身為國中生的我聽起來，像是在告訴我們苗栗待不得，出去也不要回來，因為沒機會；高中到了臺中讀書，同學叫我不要講客語，這時才意識到我是個客家人。

陳建成

共發實業共同創辦人。閩南與客家的混血身分，有著梳理不完的奇思妙想。2019年在苗栗市創立「共發實業」，以經典文具、生活選品、活動計畫等為主要服務，2021年創立「發粄」文字品牌，創作客語及手寫文字深具趣味。

其實從生長經驗裡看到的客家，不一定是來自於語言，而是一種價值觀，但當價值觀與生活逐漸脫鉤，客家的集體意識該如何凝聚？當年輕人無法理解這些，該如何回到家鄉？回到家鄉後可以做些什麼事呢？在地的支持系統、生涯發展又在哪裡？

再談到對苗栗的記憶，苗栗元宵「炸龍」在我很小的時候開始舉辦，那時整個街頭上的踩街團體和道具都是各個社區一起完成的，開始觀光化後，不知道從哪一年起，踩街的團隊已經不是苗栗人了，比較多是外地來的表演團體，從這就可以看出客家文化開始產生質變。

苗栗市確實是很特別的城鎮，在交通樞紐的功能被拿掉之後，目前較大的定位是行政機關所在地，苗栗市沒有被觀光化，所以這邊留下來的可能是一個很純粹的客家庄，不過這樣的客家庄現在和未來的走向是什麼？我覺得是很值得觀察的點。

邱星崴：我再補充一個例子，苗栗文昌祠常可見到掛了很多恭賀各領域專業人才的榜單，但是在各種考量之下，這些人很少能夠回到苗栗就職，變成行政中心對於苗栗市而言看似是優勢，有縣政府、聯合大學等資源，不過在地的支持系統還是無法讓專業人才真正回來。

客家的主體性就是在這樣的工業化發展下，慢慢地消逝

鄧君婷：記得我十歲的時候，客家電視剛開台，客家歌手陳永淘在我們峨眉國小成立一個後生合唱團，我是其中最小的成員，還曾到總統府表演，那時是客家文化正大放異彩的時候，不過到現在，我開始寫峨眉故事的時候，在客家庄感受到我們的主體意識好像正在慢慢的消失，客庄綿密的人際網絡所形成的集體意識和公共性也正在不見，我就在思考是什麼原因導致這樣的改變。

鄧君婷

滾回家部落格經營人，走在返鄉路上的人，書寫家鄉峨眉的故事。2017年國立清華大學臺灣文學研究所碩士，2021、2022年文化部青年村落文化行動計畫獲獎人，持續關心客家文化、客庄創生等議題。

我想給大家看一張照片，這是峨眉要去新竹市和園區必經的道路，位在寶山，這條路要從雙線道拓寬成四線道，我在拍這張照片時，感到很難過，因為拓寬的道路附近有一棟很美的夥房矗立在小山頭上，現在四周都圍著工程圍籬，因此每次回家，我都很擔心這棟夥房會不見，那種剝奪感是很強烈的，峨眉變成外面的人來遊玩、度假的地方，一直被外面來的東西侵蝕。

我還想講一個面向較大的事，就是臺灣的工業化發展如何影響客庄的環境及生活方式。以前客庄是以耕種為主，我們的生活跟歲時節慶、節氣是息息相關的，屬於步調比較慢的生活，而工業化之後，把我們客庄的生活方式變得很快，比如感冒這件事，以前的人會去找草藥、民俗植物來吃，現在為了趕快回到工作崗位上，看西醫、吃西藥，變得不懂看見及運用客庄原有的資源，和長輩留下的生活智慧，這讓我感覺到客家的主體性就是在這樣的工業化發展下，慢慢地消逝。

最後想分享一個我從自己家庭產業結構看到的轉變。我覺得一個以家庭為根基的經濟模式正在被打破中，這樣的打破其實會讓過去客家庄集體意識或公共性維繫的方式改變。

我家是茶工廠，從阿公的時代開始做粗製茶，當時一天要做3,000斤的茶，因此做茶時會找親朋好友一起加入產線，再不

赤柯坪茶廠，負責人鄧宏安準備將茶菁進行室內萎凋。（照片提供／鄧君婷）

夠時會找庄頭的人來幫忙，茶葉的生產才會穩定下來；不過工業化時代後，茶廠傳到我爸爸，現在的峨眉很難找到人來做茶，因為大家都去科學園區上班，採茶小姐變成了採茶阿婆，尤其近期又受到疫情的影響，更難找得到人力。

這就是工業化以後，以家庭為根基的經濟模式正在改變，而這樣的改變會影響到過去從生產到生活都緊密在一起的客家家庭，他們在生活中所創造出來的客家文化慢慢地不見，我覺得這也連帶影響到其他面向，包含傳統儀式、宗教、文化等。

不一定要親自來到農村生活，但可以用不同的方法支持

劉奕：阿婆以前常會講古給我聽，說她們以前一個人要顧這麼多小孩，要抱著、背著，去撿木柴、挑水、煮飯、燒水，手頭上空著的話還要去田裡幫忙，這時我爸就會在旁邊說，你不要跟他講這些不可能發生的事情，意思是我們現在的人沒辦法去想像當時艱苦的生活情景。

劉奕

無負擔農場返鄉青年。新竹峨眉湖光畚箕窩客家人，海陸腔，從小給阿婆講客家話帶大。國立宜蘭大學食品科學系畢業，曾在關西高中食品加工科兼任教師半年，2018年正式返鄉學習水稻務農，並任峨眉國民中學實驗教育學校約聘教師，開設「現代食農」課程，近期精進「客家油飯」的製作和餐車販售。

我爸在12年前回到峨眉耕田種植有機米，而我家的田是阿太那代所留傳下來的土地，後來阿公因為施農藥化肥，身體受到影響而過世。田

地停擺十年後，爸爸建起了鴨寮，養鴨生蛋。其實在以前，家家戶戶都會養牲畜，養豬用來繳小孩的學費；養雞是初一十五或大節慶拜拜用的；而養鴨是用來生蛋。鴨子放養時就讓牠到田裡玩水、吃福壽螺，鴨蹼踩踏在田地裡時又能抑制雜草生長，所以我爸常說鴨間稻、稻鴨共生不是新的耕種方式，是以前農村的景象，這就是我們家延續下來對於土地的記憶。

我高中讀的是食品相關科系，和農業有連結，由於家人打下的基礎，讓我有機會可以回鄉工作，不過我意識到，我的同學好像沒有人回來，好不容易聽聞有個學長回來，不過他兩年後又回到科學園區上班了。這幾年我看到農村有許多產業：米、茶、柑橘、蔬果等，甚至現在有些年輕人回來將農產加工，利用農村環境做食農教育、環境教育、辦活動，這些一、二、三級產業所面臨最大的挑戰還是銷路的問題，就算是設計、舉辦活動，它也還是個產品，需要人用不一樣的角度去銷售給更多外地的人，讓大家知道我們農村有什麼東西，對他來說是有價值的，他可以來加入，不一定要親自來到農村生活，只是要讓他知道，可以用不同的方法支持我們的農村。

南北沒有什麼不同，重要的是「介入」的過程

邱星崴：接下來請客庄創生高雄場的召集人邱靜慧，在聽到我們北部年輕人的故事後，分享一下南北異同的部分，或是有什麼可以多做補充回應。

邱靜慧：聽了大家分享地方產業的演變，還有區域創新轉變的節點，我就在想，我們南部、美濃又是什麼樣的情況呢？

2021年，無負擔農場。稻鴨共生的無負擔有機米。圖為小鴨子第一次下田前模樣。（照片提供／無負擔農場）

2021年，無負擔農場所販售的有機米、田間放牧鴨蛋、鹹蛋、純米米粉。（照片提供／無負擔農場）

美濃是整個六堆客庄的一部分，從清朝時代起，和六龜、甲仙等高雄較南邊的城鎮，在早期其實都是屬於屏東的一部分，一直到近代才被歸屬於高雄，而在日本時代也有些頻繁的族群互動，比如北客來到六龜、甲仙焗腦，利用平埔族群守隘等。現在我們常常以高雄的角度來思考美濃的定位，但回到人群互動的模式，許多人際間的往來、產業的關聯，美濃還是和屏東比較相近。

和剛才分享到苗栗有菸田的情況類似，提到茶時不會和六堆客庄產生

邱靜慧

現任美濃愛鄉協進會總幹事。大學時參與美濃後生會，加入當地「一場起於反水庫卻永無止盡的社區運動」，看到故鄉老農為了家園的奮鬥，決定返鄉服務。畢業後任職旗美社區大學，農村意識萌芽滋長。目前工作核心為生態教育、文化保存、社區培訓。

連結，但其實我們有山茶、野茶，六堆客家人會上山採茶回家炒，有些廟宇也會在附近的土地種茶，美濃還有一座山叫做茶頂山。

以前我們靠輸出茶、糖、樟腦等農產賺取外匯，但是工業化以後，全臺的農業在灌溉之前，都要先考慮到工業需求，而美濃在面臨為了工業犧牲農業的危機時，剛好碰上了反水庫運動。這個運動的背景是1990年代為了供給臺南工業區用水，預計於美濃設立水庫，這項政策的實行會牽動到很多區域的變化，所以當時大家認為水庫不能蓋，若是蓋起來，美濃會變成水源保護區，整個客家文化可能會在水庫的建設中消失。不過這項反抗運動，單靠美濃是無法成功的，還有和臺南生態保護的團體及六堆客家人的組織，透過跨組織間的串聯，一同支持這項運動，而我會回到家

鄉，很大的原因也是因為這項運動。

現在人群之間的互動模式和時代、產業的變化有些關係，在面對這樣的變化時，我們要注重的是用怎麼樣的態度去面對，我覺得在座的大家很勇敢，回到鄉下工作可能要面對很大的壓力，也會面臨到人以及整個客庄生態改變的問題。

我曾帶我兒子參與大埔事件，不過我覺得有一點已經開始改變，就是大家看待大埔事件的態度，已經不像當時我們參與反水庫運動時那麼負面與激進。上一場客庄創生沙龍：地方感與集體記憶的再創造，有提到以瓜棚及人工魚礁比喻前輩為在地搭起平臺，讓地方的價值觀能夠順勢成長，我覺得這件事很重要；當這樣的平臺搭建起來後，會因應目前的形勢，重新長出適合現代的價值觀，就像現在大家已經開始去思考工業對環境造成很大的負擔，而且它是不能永續的東西，過度開發也讓世界各地都感受得到環境所帶來的壓力。

改變及價值觀的形成並非一蹴可及，但是我們都有機會開創新的時代，就像我們美濃人會用做粄來比喻一樣，做粄之前要先做粄粢，然後剝下一小塊煮熟成粄母，經過反覆搓揉後，便能吸附粉塊狀的粄粢，這塊粄才算做成；我認為南北沒有什麼不同，只是在面對這些變化時，重要的是「介入」的過程，我覺得這是我們能努力的方向。

黃文詒：我從 2016 年回到大湖，因為家裡有橘園，就成立了「橘二代」的品牌。橘二代是以精緻化包裝為出發點，提升農產品價格，價錢雖貴但卻是我們支持農民的一種方式，農民也會因此更注重農產的品質。產業的進程必須要有先驅，而後我也開始慢慢思考農業應該如何進步，如何將一級產品進行加工。

一般人可能很直觀的想到果醬、蛋糕等形式，我的想法就比較不一樣，我認為這件事情必須要與人還有生活結合，所以我開了精釀啤酒的課程，協助農夫用自己種的水果釀成啤酒，必須要跟生活結合在一起，才會形成一種文化。

而要做成精釀啤酒必須穩定農產的品質，農人會更關注在種植的過程及產出的口感，或是嘗試去和不同的香料、水果做搭配，成為農民、民宿業者和顧客間開啟對話的橋梁，這是我目前推動地方創生很注重的一環。

還有一點很重要，我們回來家鄉遇到很大的問題是土地，現在的法規對年輕人相當不友善，當年輕人有食品加工背景想做些嘗試，卻發現找不到工業用地，因為那些地都被業者占據，所以未來農村地區的土地改革也是需要推動的一點。

地方創生不管如何推動，土地改革及年輕人推動農業文化的進程應該要被看見。

陳建成：我在苗栗市經營共發文具店及雜貨店，其實一直到我回鄉後才開始了解家鄉。苗栗市因舊官道而發達的老街消失了，以前的棉被廠、打鐵店、藤椅店都不見，變成了美食街，客庄的文化也因此消失，那我們該如何回到在地客庄的紋理？又該如何進到這樣的體系，和在地的人互動？

返鄉後恰好都和公共事務有關，包括社福機構、藝文團體，在工作中我參與推動公共空間翻轉及再利用，讓更多人可以參與在地，感受到自我價值，除了自身好之外，也推己及人關心周遭人事物，讓大家覺得我們是一體的。後來我開始去想，要如何長期在家鄉經營，所以我開了雜貨店和共發文具店，利用這些空間呈現在地的好物，也把其他地方的好物帶進來，同時也用客家文化做文創。

比起其他客庄來說，苗栗市不像其他農村型的客庄擁有產業，我們現在也不大可能在苗栗市去培植產業，這樣的話，苗栗市可以做什麼？我覺得可以成為一個轉化設計的樞紐位置，好比說以前苗栗市是交通樞紐，那現在是個數位資訊時代，有沒有可能以資訊傳播、設計力成為苗栗新的定位。因此，我們開始做了在地文史調查，製作「超不精準地圖」（2017年改版為「苗圖紙計畫」），把苗栗市的生活感畫出來，我們也在做社區的擾動，因為不是所有人都會離鄉，而那些

2021年，由苗栗市政府發行，陳建成等人共同參與推動的《苗圖紙》刊物。（照片提供／陳建成）

留鄉的人大家有看到嗎？所以我會邀請在地人來辦活動，讓這些人可以有更多的連結，我覺得「社區擾動」這件事，是能讓大家感受到自己是被看見的，並有生活在這、和在地連結的實感。

之前聽過一個說法是「接下來的客家發展要回到客庄來做」，可是回到客庄所要服務的人不只是創生的人而已，而是在客庄的所有人要被看到。回到地方創生，大家都說要有自發性、要面對危機跟創造，不過以苗栗市來說，區位轉移、市場已經萎縮，當個人的經濟生活沒有被滿足時，沒有餘裕進入公領域，又該如何做到自發？在工商業複雜的情形下要如何定義危機？而創造又該從什麼樣的角度去切入？以上就是我目前對於苗栗市的地方創生所觀察到的情形。

從最下面的田，看到水圳水潺潺流向田裡

鄧君婷：其實我沒有做很多事情，我目前僅有成立FB粉絲專頁「滾回家」，記錄故鄉的故事。為什麼有這樣的紀錄，其實是因為我離開故鄉十年了，我一直很想找回小時候在農村或客庄生活的語言和感官。

有一次劉奕帶我去修水圳，劉奕說從最下面的田，看到水圳水潺潺流向田裡，是件很感動的事情，當時我說：「我感覺不出來」。所以後來只要修水圳，劉奕都會帶我去，當我經歷修水圳的辛苦之後，終於可以理解那個感動是什麼，也釐清了自己之前為什麼會沒辦法體會那種感動——因為我已經離開太久了，這樣的記錄其實是幫助自己回到農村、找回那樣的感官，最重要的是，我也想要傳達客家文化多元的樣貌，寫出屬於峨眉的客家故事。

以前我很不喜歡這些來到峨眉置產、開發的有錢人，不過僅憑一己之力好像沒辦法與他們抗衡，所以我現在想的是，要怎麼讓這些人有機會去認識、認同，甚至願意參與地方。

峨眉有很多藝術家居住在此，代表峨眉給予了很多創作的能量，所以我覺得峨眉

2022年，獅山水圳，鄧君婷清理水圳紀錄。（照片提供／鄧君婷）

作為一個客庄，也許是很多現代人需要的地方，那我們要怎麼樣去增加這些人的黏著感、認同感，是我覺得必須要做的事情；但我坦白說，要落實這件事有一定的難度，我也還沒想到的方法。

另外一個還沒想出解方的就是剛剛提到，以前家庭所凝聚出來的集體意識跟公共性要如何延續，如何順應我們這個時代去找出新的方法，我覺得是很重要的一件事，也是避免客家文化走向符碼化或消逝，所需面對且不能逃避的問題，而這也是我接下來的功課。

劉奕：畢業後回到家鄉時，其實我不知道回來到底要做什麼，我想起大學老師曾說過：「大學畢業可以開早餐店嗎？可以，但是當大學學歷的人開的早餐店跟高中學歷開的早餐店一樣時，大學這四年就白讀了。」所以我就一直在思考自己到底要做什麼事情。當時在地小旅行很流行，我想說峨眉這麼多產業，可以用活動把這些產業和資源串起來，結果遇到了銷售問題；仔細想想後，我覺得這樣不對，農民好好地把產品顧好就好，不要再叫他分神出來帶導覽、辦活動，因為導覽這件事和務農完全是兩項不同的技能。

以前在學校會被老師問「有沒有問題？」學生通常會回答「沒問題」，但沒問題就是最大的問題，因為回到農村，我學到最大的一件事就是，每天都有問題發生，而我們就在想如何解決問題，有時候還沒解決，另一個問題又來了，我們就在發現問題跟解決問題之間不斷地循環。回到農村讓我有種微創業的感覺，因為沒有 SOP 告訴我們要如何走下一步。

不知道大家有沒有看到我的稱號「返鄉青年」，我很不喜歡人家說我是青農，因為我

覺得農村不單只有耕種人，還需要很多像鄧君婷這種，擁有不一樣背景和能從農業以外的角度來看待農村的人加入，每個人分工合作，才有機會讓農村的多元面向被更多的人看見。

最後想分享一個客語諺語，「一暗晡想千條頭路，天一光，本本賣豆腐」意思是要將想法付諸實現，不然只會淪為空想，但是我想再補充一句，「如果你不去想，一輩子還是只能賣豆腐」希望大家能多多來參詳討論，集思廣益讓大家有更多機會回到農村。

延伸
閱讀

美濃反水庫運動

1992年底，前經濟部水資源統一規劃委員會曝光美濃水庫興建計畫，預計在美濃黃蝶翠谷興建水庫，以供應當時的石化工業等龐大用水需求。由於安全疑慮、破壞黃蝶翠谷熱帶母樹林之生態環境及美濃客庄文化等因素，鍾鐵民、鍾永豐等人籌組美濃愛鄉協進會，並在1993年率美濃鄉親搭乘夜行巴士，遠赴臺北抗議水庫興建，透過不同方式與管道，數度讓立法院預算委員會通過決議，刪除美濃水庫的工程預算。

1998年行政院宣布重啟美濃水庫計畫後，歌手林生祥遂與美濃愛鄉協進會共同著手籌製反水庫運動音樂專輯、成立交工樂隊，發行客語專輯《我等就來唱山歌》。1999年美濃反水庫人士動員數十部遊覽車前往立法院陳情、監督美濃水庫預算審查，而後立法院將美濃水庫二億五千萬元預算全數刪除。2000年，臺灣首度政黨輪替，民進黨籍陳水扁當選總統，宣布任內不興建美濃水庫。圖中為1998年3月14日，美濃國際反水庫日。（照片提供／美濃愛鄉協進會）

客庄創生
（高雄）

去年受策展人鍾永豐邀請為參詳「客庄創生」的主題擔任南部場召集時，他說：「也要納入地方第一線工作的聲音」。地方聚眾之處舉凡街頭巷尾伯公壇、屋舍簷廊、雜貨店門口，或者閒話家常、或者議論地方大小事，都是客庄尋常風景。隨著時代推移，客家知識分子、工作者高比例都居住在都會，參詳將場域轉為咖啡館，並邀集大家用客語來探討客家的公共議題，讓平日蝸居客庄的我們，也趁此機會帶著議題出庄，仿效奧地利人文咖啡館、紐約哈林區，演練屬於我等客家當代的文藝沙龍。

客庄創生南部場四場對談的設計，圍繞在文化傳承的課題，或者以文化路徑為方法，又或者談傳統音樂保存及新音樂創作、個人生活實踐與地方集體記憶；邀請對象則有幾個原則：一是如何讓那些平常在社區，默默耕耘客庄文化、生態、教育的身影被看見？第二不限於美濃本庄，依不同議題，納入六堆的青年，以及北部，甚至東部客庄的案例一起交流，交流彼此的想法、方法，共同想像我們在實踐一個什麼樣的理想居所（place）。

透過參詳，似乎重新盤點了一次議題思維，也再次進行了行動者網絡的串聯，許多客庄子弟也重思回返的歷程，以及如何透過不同的角色參與，在社區進行生態、文化、藝術、食農等生活者運動的實踐心法。較有趣的是，「用客語發表」的軟性要求，也激發部分客庄青年、媳婦精進客語的決心；平日忙碌的身影，能透過此機會面對面認真的彼此聆聽、商量，除了深刻，部分場次的氣氛則如同樂會溫馨愉悅。不同主題的直播紀錄留存，則像是一個議題、人才的資料平臺，透過參詳的過程，客家文藝沙龍結合實體與雲端科技的社群網絡於焉成型，如何持續經營、運作、維繫也許不容易，但至少是個開端。

召集人　邱靜慧

故道連綠道，大庄牽小庄

時　　間：2021 年 12 月 25 日（六）14:30 至 16:30
地　　點：三餘書店（高雄市新興區中正二路 214 號）
召 集 人：
　　　　邱 靜 慧／美濃愛鄉協進會總幹事
與 談 人：
　　　　吳 雲 天／臺北市出去玩協會祕書長
　　　　林 瑞 晉／右堆文化路徑暨古（步）道藍圖規劃調查員
　　　　徐 孝 晴／「繫。本屋」創辦人暨主理人
　　　　徐 銘 謙／千里步道協會副執行長
　　　　黃 仕 傑／第二屆客庄地方創生移居計畫「來轉。譜農庄山水樂章」入選人
　　　　羅 功 奇／新竹縣關西鎮鄉土文化協會理事
記錄整理：羅 亭 雅
攝　　影：汪 正 翔

邱靜慧：今天的主題是「故道連綠道，大庄牽小庄」，與談人橫跨屏東到臺北，都是在這個脈絡裡耕耘、在地方深耕的夥伴，策展人鍾永豐也有來到現場，我想先邀請他說句話，再開始今天的主題。

鍾永豐：客委會的「參詳・客家當代文藝沙龍」，其實分很多的面向，我想有一個很重要的面向就是在地方上工作、投入的人，特別感謝邱靜慧邀請大家來談，如何在地方蹲點、如何在地方活下來、如何在地方生存。

邱靜慧：首先邀請林瑞晉，今年我們美濃開始推右堆文化路徑調查，他用他的專業幫我們整理很多古道的故事，所以我想請他先來分享，以一個不是客家人，但是用他的專業來貢獻客庄，做了哪些事情、感想如何。

邱
靜
慧

現任美濃愛鄉協進會總幹事。大學時參與美濃後生會，加入當地「一場起於反水庫卻永無止盡的社區運動」，看到故鄉老農為了家園的奮鬥，決定返鄉服務。畢業後任職旗美社區大學，農村意識萌芽滋長。目前工作核心為生態教育、文化保存、社區培訓。

重現聚落生活，凝聚共同記憶

林瑞晉：我是在臺北出生長大，這幾年南飄到臺南，今年參與高雄市客家事務委員會委託執行的右堆文化路徑及古步道調查，主要調查範圍，在美濃、杉林、六龜、甲仙這四區，我們想要呈現的是故道、文化路徑。這些故道是累積過去將近300年來，族群及聚落經過遷徙、擴散所連結出的路網，未來右堆路網可能呈現出跟淡蘭古道、樟之細路、山海圳綠道等不一樣的內涵。

林瑞晉

現任右堆文化路徑暨古道藍圖規劃調查員。曾任臺北市出去玩戶外生活分享協會常務理事，擅於規劃並帶領深度旅行方案，持續探索客庄聚落與文化路徑的空間脈絡。

我們今年做了很多基礎調查，包括跟在地社區耆老做深度訪談、路徑探勘、資源點調查定位，在訪談過程中搭配地圖和老照片讓耆老指認，挖取了許多在地早期的常民生活經驗，我覺得這是內涵不斷地累積，可以讓路網在設計時，呈現出這個聚落具有將近300年的文史底蘊。

計畫末期時，我們把調查來的路徑做示範性的規劃，包含小旅行的設計跟手作步道的規劃。在旗山有個叫雞油樹下的客家聚落，還存有很多早期的工藝，例如就地取材用楝榔葉做成掃把，並拿著掃把渡過楠梓仙溪到其他聚落販賣，我們藉由辦小旅行，試著去重現以前他們在遷徙以及聚落往返過程的路徑。

2021年，高雄杉林六龜古道，文化路徑調查員李嘉智、邱靜慧與宋盈瑩調查記錄古道一處的桃花心木林。（照片提供／林瑞晉）

在做了基礎文史的爬梳後，我發覺過去在推廣古道或是觀光路線時，我們都是以觀光為首要目標，想要吸引觀光客來。而我們在規劃這樣的文化路徑時不只是為了觀光，最重要還是以重現過去這些聚落的生活，凝聚他們共同的記憶，來讓現在凋零的社區更有共識，然後共同去維護、推廣這樣的路徑，我覺得會是比較好的發展。

邱靜慧：林瑞晉提到右堆的步道如何將生活的記憶找回。第二個分享的是徐孝晴，他所編輯的刊物《泰武》、《來義》被譽為最美的鄉刊，一個客家人，為什麼要跑去做原住民的事情，這個部分也想請他來介紹一下。

回到舊部落，尋找傳說中的起源和巨人腳印

徐孝晴：我家是在屏東市頭份埔，這是日本時代從北部搬下來的客家人所居住的聚落，之所以會開始關注自己的家鄉是因為我的碩士論文，主要研究在地的民間信仰及族群關係。回到屏東開獨立書店後，在協助臺灣設計展文化觀光部分的策展及田調的過程中，受到泰武鄉公所祕書的帶領走訪部落，這次機緣也成為編輯鄉刊的契機。

有一期刊物是和文化路徑有關，我們曾去報導泰武鄉比悠瑪部落，偶然發現，有一位爺爺在旁邊畫圖，

徐孝晴

「繫。本屋」獨立書店創辦人暨主理人、《泰武》、《來義》鄉刊主編，國立高雄師範大學客家文化研究所碩士，就讀國立臺灣師範大學臺灣語文學系博士班。不僅將人類學訓練以及飲食文化融入在「繫。本屋」店內，也致力於挖掘在地不同族群、信仰等議題。

問了才知道他所畫的正是比悠瑪部落的故事，我們就做一期跟爺爺有關的故事，而那一期刊物最後也選用了爺爺的畫作作為封面。訪問過程中，我們問爺爺：「如果要帶後代回舊部落的話，你希望讓他們看些什麼？」爺爺回答：「希望大家去看舊部落的緣起」，接著我們就跟著爺爺的畫作中的故事，回到舊部落，尋找部落傳說的起源和巨人的腳印。

然而，越做就越發現，其實我們跟家鄉的脫節很嚴重，屏東人不知道我們書店的存在，但外地的人卻知道。所以前年申請了「地方、五金到書店——頭崙埔聚落的文

2021年，《泰武》夏季號。（照片提供／徐孝晴）

化再現1.0」計畫。起因於在整理家裡書櫃時，偶然發現客家禮儀科本，由曾祖父所編寫，曾祖父負責寫疏文、表哥的祖父則負責儀式行禮，不過在表哥祖父中風後，我們在地庄廟的祭典就改請美濃南隆地區的師父來協助。為了重現客家三獻禮，我也藉此計畫學了一套儀式，閒暇的時候還會去廟裡幫忙請神降駕、敲鑼打鼓；此外，我們也連結了美濃客家八音團、GQ特約攝影師等不同領域的朋友，希望能讓更多不同族群、背景的朋友一起參與，期望有新的可能性產生。

我們還研究在地飲食、幫家鄉辦了「商展」（早期販賣日常用品的市集），我希望除了書店以外，可以從事跟家鄉有更深刻的連結的事，甚至提攜在地人、後輩，也希

望在做刊物的同時，能讓在地人書寫自己家鄉的故事。

邱靜慧：徐孝晴以前也有客家工作的經驗，後來回來開書店，創作了自己的客庄連結，又從這部分發展到原住民的鄉鎮，其實這些都繞著他本身想要做的事情轉。接下來邀請黃仕傑，他去年才回到美濃，很多人回家鄉做的都是面對外來者做的事情，雖然有些相同的部分，但他很不一樣，接下來請他分享返鄉這一年來做的事和感想。

播下歡樂的種子，體會家鄉美好的氛圍

黃仕傑：當初會決定返鄉是因為想陪阿婆，回來後剛好看到客委會客庄地方創生移居計畫，覺得是個契機，因為我小時候是在美濃長大，跟阿公阿婆一起生活有著很好的記憶和連結，就慢慢把自己之前一些經驗，和美濃現在的資源整合起來。

黃仕傑

第二屆客庄地方創生移居計畫「來轉。譜農庄山水樂章」入選人。曾任師大登山社社長，參與30餘次高山嚮導、領隊工作，並曾從事教育及行銷方面工作，2020年舉家返鄉陪伴阿婆，現結合經驗所長，推動美濃農村體驗、登山溯溪、客語音樂會、市集等相關活動。

我以美濃為中心，如：特色作物、農村體驗、生態溯溪、文化山徑、客語音樂會等，都圍繞著這些主題進行。農事部分會種植特色作物並辦活動讓人來體驗，過程當中會結

合食農教育、美食、創意料理教學等；音樂會的部分，我弟弟是客家歌手——黃瑋傑，我們就想說可以去學校教這些學生唱客語歌，希望他們能夠在一個很快樂、歡愉的氣氛下，讓音樂、客語元素，成為他們心中的小苗，慢慢發展。我自己最深刻的感觸，還是在於文化的洗禮。這些都是我以前不曾發覺的事，而我也是透過這一年半，不斷地在這

2021 年，樂愛餵羊，農村體驗撒肥料拔草抓蟲。（照片提供／黃仕傑）

些活動當中，吸收文化、歷史元素，了解到原來我的家鄉有這麼多美好的事情。

怎麼樣可以把這些東西帶給其他人，而且是以一種快樂、歡樂、能在他們心中產生漣漪的事情，經過我內化後再傳遞給他們。我觸及的就是實際上來參加活動的人，但假設有更多的人，然後可以有共同的理念，一起去運作，再把它串聯起來，或許就可以有更大的脈絡去發揮影響力。所以我相信透過更多的串聯，以及多重元素的結合，包含音樂、文化、客語、親子、文創、歷史等，不斷地將新的東西串聯時，可能會產生一個新的氛圍，讓人覺得這裡很棒，不只想要了解、甚至想要住進來。

邱靜慧：謝謝黃仕傑，美濃是一個發展條件很好的地方，在這狹小的客庄要怎麼樣跟外面連結，期望未來可以再多做一些串聯。接下來邀請羅功奇分享，他們在樟之細路投入已經超過五年，而南部才正開始，當中有哪些經驗可以提供參考。

吃客家菜、喝仙草茶，走樟之細路

羅功奇：我在擔任鄉土文化協會理事長期間，與千里步道協會一起投入了「樟之細路」關西段的營造。關西是個被山包圍的盆地地形，有很多小山谷和溪流，有句話說：「人傍水而生」，有水的地方就會有小庄頭，所以關西很多這樣的庄頭，而在山林溪水環繞的環境之下，造就了很多古橋、古道，而且多是相連。古橋也就是大家說的糯米橋，我們則稱為石拱橋，關西一帶很容易在河邊取得石頭，敲打一番就可以拿來建橋，我曾調查過，

羅功奇

現任新竹縣關西鎮鄉土文化協會理事、《牛欄河畔》季刊編輯。曾任台三線客家山林古道（關西鎮路段）網絡整建先期評估計畫主持人。關西「清香飲食店」第四代，對於客家文化傳承有一分使命感，希望在挖掘在地文化的同時，也能推動文化創新，呈現與時俱進的客庄小鎮新氣象。

關西有超過30座石拱橋，有些橋連接著礦坑、也有一座橋是大家族夫人的生日禮物，有許多不同的故事，我們帶小旅行時也會介紹石拱橋。保留這麼多老橋，也就表示，關西其實沒什麼發展，但好處是保存了很多文化跟古蹟。

2017年我們辦了新竹縣的古蹟日，做了古蹟地圖。關西市區不大，但古蹟很多且多樣，共有縣定古蹟五座、歷史建築五座，包含宗祠、東安古橋、戲院、醫院、老茶廠等，差不多40分鐘可以把這十座古蹟和歷史建築走完。我們以關西市區周邊，找了松樹排古道、飛鳳古道、渡南古道，把古道和市區內的古蹟串成一條路線，來到關西可以到街上吃客家菜、喝仙草茶、看古蹟，還有古道可以走。

邱靜慧：接下來是臺北市出去玩協會的吳雲天，他不是只要帶人出去玩，還組織志工隊投入淡蘭古道的維護，請他來分享，在鄉村人口減少的當下，要如何不依靠政府工程，去維護這些路徑，以及志工維繫的經驗。

點、線、面想像的延伸，古道不只是古道

吳雲天：淡蘭古道的特色是許多居民還住在裡面，推廣時，可以從體驗經濟或觀光旅遊的角度切入，但我們更想呈現的是在這樣的淺山到底有什麼樣的內涵。這裡的生活文化都很友善環境，石砌的水庫與水圳系統、茅草厝或石頭屋、也有古法手工製茶，保留了臺灣過去的生活方式，而我們很努力地想在淡蘭留住這樣的東西。

吳雲天

現任臺北市出去玩戶外生活分享協會祕書長。曾於雪霸國家公園擔任高山保育志工14年，喜愛舉辦淨山活動，著迷於部落原鄉及淺山山村的生活文化，廣邀社會大眾籌組茶山志工隊及里山義工隊，協助北部山村文化傳承及發展生態旅行。

我們對一條古道的想像，從點擴張到線、面，是從整個場域來看。人要繼續生活在那裡，文化才能夠繼續走，因此，我必須要把人再重新帶回這些淺山。為此，我成立了志工隊，從都會區把具有消費能力和體力的人，帶回到這些地方協助。而且這些志工不但不領錢，還去消費並提供勞力協助修復古道及居民的傳統空間。

我們以陪伴的角色切入。任何的志工組織，在進入社區協助時，一定要想清楚自己的角色，不能過度干涉在地，當對方願意分享他的生活時，我們就幫忙，以此謝謝他的分享。

邱靜慧：剛剛很多是在分享國內的經驗，但千里步道協會已經開始跟國外步道相關組織做串聯，等等請徐銘謙分享，當我們把文化路徑放大到一個國家的尺度來看時，未來該如何走。

2015 年，深坑茶山古道，義工隊每年冬季就地取材以手工維護茶山古道。（照片提供／吳雲天）

讓過程變成一種遊程，對文化資產的投資

徐銘謙：過去對於文化資產的概念大多停留在單點式，但是在 1994 年西班牙朝聖之路出現後，對於文化資產就有了線性的概念。根據聯合國世界旅遊組織研究，長距離步道是投資相對少，但可以把每一個地方的小亮點結合成一個大亮點，甚至推出品牌化，並且能讓遊客在一個地方停留的時間延長的一種方式。

以韓國濟州島偶來步道為例，步道的發起人徐明淑女士，全世界的人願意花一個多月的時間去走西班牙朝聖之路，但怎麼樣才能讓這些人也來我的家鄉？她透過找回被遺忘的路線、連結分散的路線、或是重新開路，共串聯 26 段步道組成環島 425 公

里的路線，創造可體驗一個月的濟州偶來生活，而這些路線的起迄點一定是小村子，使得步道跟當地的觀光效益發揮到最大，讓只來幾天的觀光型態，變成可以在這停留更長的時間的深度旅遊。

將26段步道串聯後，發起人把世界各國的長距離步道組織邀請到濟州島開會，並辦了亞洲徒步嘉年華，發起社區動員將美食、音樂、藝文等元素，整合在嘉年華中，讓外國的人認識他們；而後又成立世界步道大會、亞洲步道大會，每年由各

徐銘謙

現任千里步道協會副執行長，協助客委會規劃樟之細路等國家綠道的路線與實作。因為喜歡爬山，關注步道工程破壞環境問題，曾獲客委會築夢計畫補助前往美國阿帕拉契山徑學習步道志工，陸續參與後生洄庄、客委會右堆文化路徑、手作黑川校長紀念碑、龍肚國小後山、六龜後山步道等計畫。

國輪流主辦，並串聯各國步道的民間組織組成聯盟，在地化的同時也兼具國際化。2019年千里步道協會也協助客委會「浪漫台三線樟之細路」與韓國濟州偶來步道，締結友誼步道，促進兩國間的交流。回顧到臺灣，每一個社區自己本身的小亮點或許不會讓人專程來，當它集合成一個大系統的時候，大家就會想去收集完這些社區。

另一個我想講的是，手作步道、工作假期這種模式，讓做步道的過程變成一種旅遊行程，用手作步道、工作假期方式雖然慢，但對於社區的幫助、或是後面延展出來的效益而言好處多多。

邱靜慧：美濃有一句話叫做「慢行快到」，手作步道看起來是件很小、很慢的一件事

情，但它需要組織很多事，才能做出幾百公尺，可能要數年甚至是更長的時間，才有辦法把整段步道完成。很多人可能都想著怎麼去走步道，但卻沒有想到要如何去維護。

文化和經濟的價值觀拉扯，努力取得平衡點

羅功奇：我們在步道附近種仙草田，讓仙草留到開花後，而這也成為今年的爆紅景點。爆紅對本地來講，或許有些人會覺得這是好的，可以帶動地方發展，但有的居民會覺得干擾本地生活。透過社造的方式做這樣的景點，其實也是希望藉此取得一個平衡點。據聞仙草田旁可能要開一條路，路一開下去，稻田全部都零碎化了，耕作變得不容易，未來稻田景觀可

2006 年，美國阿帕拉契山，融入荒野的小徑。（照片提供／徐銘謙）

能就消失了，政府一方面在開路，一方面又補助社區大力推客庄觀光，互相產生衝突。這麼多年來，我做這些的目的其實是想讓很多人知道客庄的美，透過步道、古蹟、仙草花田等展現出來，他們會了解其中的價值。文化和經濟帶動的價值雖不一樣，但一定有辦法取得平衡點。

公私協力的合作方式

徐孝晴：關於推薦的私房景點與路線，編輯《來義》鄉刊時，適逢二峰圳百年，我們就想做個二峰圳整條圳道周邊文化的報導，附近也有個很重要的崑崙坳古道，從新埤連接到臺東，它附近延伸出非常多，我們認為非常有文化的景點，包含排灣族傳統部落、傳統文化還有漂亮的風景。

林瑞晉：我們推薦的私房景點，往往跟大眾觀光客的想法有很大不同，例如，剛剛提到美濃目前最熱門的山徑——旗靈縱走，嚴格來說它並不是文化路徑，而是休閒登山的路徑，所以我們發展文化路徑時，往往跟一般民眾期待能看到具漂亮景致、挑戰性的這種登山過程有很大不同，所以我會推薦，如果想要去了解這些私房景點時，可以多透過在地的文史導覽去認識。

另外，我曾走過淡蘭古道，看到很豐富的遺構，像石頭屋、石橋，不過因為南北的材料差異，南部幾乎都以竹子作為建材，所以沒有辦法保存下來，我第一次進到右堆山裡針對資源點訂定位紀錄時，幾乎記不到東西，因此，我也在思考未來當這條文化路線規劃好之後，要帶大家看些什麼？如果只是在聚落間的山徑移動，那過程好像會很乾，傳遞故事是無形的，所以這些私房景點往往是必須要透過在地人帶，才能真正了解這裡的故事，否則搜尋到這些私房景點到現場後，可能也是沒有感覺。

吳雲天：以古道觀光來說，新北觀旅局透過旅遊官網的建置、以及導覽解說培力，提供淡蘭古道各種資訊，遊客可以從官網上搜尋有關食衣住行育樂的相關訊息，包含洗手間、補水站、伴手禮、餐飲服務等，導覽人員則會提供遊客適當的引導及解說，讓整個觀光行程，對古道環境造成的影響降到最低。我覺得最關鍵的是，步道

要獲得在地人的認可，在地凝聚力夠強，政府部門資源的投注與執行才有效率。

徐銘謙：由於政府部門在預算編列的設計，著重於硬體，演變成政府部門，發包工程做一條新的步道，比培訓導覽解說員還要更容易，可是從大家的分享就可以看得出來，步道最重要的是人、故事和在地社區，所以公私協力很重要，但公部門要如何能夠到位地去補助，或是支持地方上軟體的東西，軟體才是步道長期經營的方法。

另一方面，不要覺得凡事靠政府，因為政府能夠做的手段就是發包工程，要能夠永續長久，社區跟社會的力量要強起來，才能夠支持產業，或者回鄉的人，而公私協力是要擺在雙方都是在一個比較對的出發點上面去做合作。

之前有成立一個跨縣市的淡蘭平臺會議，把淡蘭沿線的四個地方政府機關包括臺北市政府、新北市政府、基隆市政府、宜蘭縣政府整合在一起，還有四個中央單位包括林務局羅東林區管理處、交通部觀光局東北角暨宜蘭國家風景區管理處、水利署臺北水源特定區管理局、水保局臺北分局。整合起來後去討論公部門之間的資源要怎麼分配，才不會重複投在同一個地方或各單位投入的資源最後串不成一個系統。現在我們在推動國家綠道，也是強調公部門要跨單位，並跟民間組織的緊密合作，然後透過民間組織的運作，達成永續市場化的可能性。環境、社會跟經濟這個迴圈一定要變成是一個很健康的循環，否則的話，步道就很難長期經營。

羅功奇：客委會從 2017 年開始進行樟之細路初期調查計畫，關西的部分由我負責，我們從關西跟龍潭交界的八寮開始做調查，它一開始並非是好走的步道，我們一定要有基礎調查，包含安全性或路況是否能成為休閒走路的一條步道，透過這些前置工作慢慢累積起來，而文史對於古道也很重要，它也是古道系統要建構的一個很重

要的面向，因為文史才能夠串聯本地人的認同感。

新竹關西，東光橋。（照片提供／羅功奇）

徐銘謙：樟之細路是因為客委會提出這樣的一個目標，然後集結了像羅功奇這樣長期投入地方的組織，有上面的支持，然後社區本來就在經營的東西，就可以連接起來。至於剛才說的淡蘭推展過程其實是先從民間的共識、地方政府的行動開始，而對於中央政府我們一直在遊說，讓資源補助這件事可以讓縣市之間合作而非競爭。公私協力其實是一個動態、上下一直不斷地去互相協商跟調整的過程。

吳雲天：其實政府也在學習操作以場域為主體的經營方式，以新北市政府來說，最早做跨點線面的操作是「驚豔水金九」，把水湳洞、金瓜石、九份這三個原本獨立的景點串起來，發現其實不用再執行過多新的建設，而是整合串聯過往已經長期投資的各個獨立景點呈現出更迷人的場域文化地景特色；接下來開始規劃場域範圍更大的「淡蘭古道」，也引起更多的在地認同支持，所以就繼續推動「青春山海線」、「微笑山線」等。新北以前也是以硬體建設的思維去做，但後來發現要做的其實是軟體建設，透過企畫、整合、宣傳、行銷，並結合區公所與在地社團，把步道與周遭場域一起推廣出去，公私部門各有所長。

第二部分我要講的是，其實志工隊等民間力量最重要的特質就是永續，文化路徑的魅力在於可以讓任何一個從外地來的人，來一次之後就黏住它。所以志工隊的概念是透過體驗活動，讓外地人因為一個亮點被吸引過來，在活動的過程中融入在地生活，就讓人對這裡開始有了寄託和關心。

邱靜慧：很感謝大家的參與，文化路徑在臺灣其實算是一個很新的概念，不管是公部門或是民間組織，有很多的路程和學習要去應對。透過不同族群、不同地區、不同背景，大家如何互相合作，為這塊土地、文化以及各自價值觀去做努力，是我們今天分享最重要的部分。

延伸
閱讀

樟之細路

客家委員會於2016年起進行古道路線初步規劃，2017年並由大凡工程顧問公司與臺灣千里步道協會執行「浪漫台三線國家自然步道網絡建置及整體發展規劃」案，2018年完成「樟之細路」的定線及命名，主副線總長約380公里，英文名為「Raknus Selu Trail」，結合泰雅、賽夏族語的樟樹（Raknus）和客語的小路（Selu）之意。這是一條純粹提供走路使用的步道，以桃園龍潭三坑為起點，沿著台三線往南發展，串聯舊有的古道、農路、郊山步道，經過新竹、苗栗，最後到達臺中東勢，藉由步行深度探訪社區、親近自然，也幫助小鎮的經濟。圖中為老官道。（照片提供／客家委員會）

屬於我等的客庄生活
設計與實踐

時　　間：2022 年 3 月 26 日（六）14:30 至 16:30
地　　點：三餘書店（高雄市新興區中正二路 214 號）
召 集 人：
　　　　　邱 靜 慧／美濃愛鄉協進會總幹事
與 談 人：
　　　　　吳 宗 憲／田心生態園、柚園生態農場共同創辦人
　　　　　李 佳 穎／龍肚國小志工隊隊長
　　　　　涂 裕 苓／鹿野客家子弟、揪豆工作室負責人
　　　　　張 卉 君／作家、環境倡議者
　　　　　黃 淑 玫／美濃國中退休英語教師
　　　　　劉 逸 姿／美濃黃蝶祭策展人、瀰濃非營利幼兒園家長委員
記錄整理：羅 亭 雅
攝　　影：汪 正 翔

邱靜慧：我相信很多人不管因為什麼樣的原因來到客庄，可能都會對新的環境感到不適應，今天想要探討的是如何讓客庄的生活過得更快樂、自在，並把人留住。現場邀請因為不同原因進到客庄的夥伴，分享在客庄生活的經驗，他們有些因為工作、婚姻的關係在客庄長駐，也有雖然離開客庄但還是保持著一定互動關係的夥伴。那我們就邀請現場的與談者，介紹一下自己如何來到客庄？以及和客庄有著什麼樣的連結及生活感受。

初次見面，與客家相遇的緣分

黃淑玫：我是從南投水里嫁到美濃的閩南人，以前不會講客家話。和男朋友交往時，認識了美濃這個地方，覺得這裡很美，也很慶幸能嫁來美濃；不過，一直到結婚後，才發現原來水里也有客家人，這是以前沒有注意到的事，讓我覺得非常有趣。

劉逸姿：我是屏東的客家人，爸媽的原生家庭分別在竹田和新埤，不過結婚後就和阿公一起搬到屏東市居住。大學時期就讀成大臺灣文學系，當時常常聽到有關美濃的事蹟，比如：反水庫運動、交工樂隊等，當鍾秀梅老師推薦美濃的工作時，我一口就答應了。一開始先在社區大學工作，後來又到了美濃愛鄉協進會，也因此認識了老公，目前則在美濃定居。

李佳穎：我是來自臺北板橋的閩南人，客家話是在嫁到美濃後才在社大的客語班學會的。以前對高雄、美濃都很陌生，傻傻為了愛就嫁過來了。

邱靜慧：佳穎的老公本來是不太會說客語的美濃人，因為受到佳穎學習客語的影響，也開始找回母語，甚至參加客語檢定。

吳宗憲：我是屏東麟洛的客家人，從小家裡就講客語，不過讀小學的那個時代，大家覺得講客語的人很特殊、怪怪的，所以就不常講，一直到我從外面讀書回來後，當時客委會有在推客語，讓我漸漸地敢在公共場所講，並以自己身為客家人為榮。研究所就讀期間，我就思考著不管過了幾年，最終一定都是回到家鄉生活，所以乾脆早點返鄉，做自己熱衷的生態議題。

張卉君：我們家族在曾祖父那一代從新竹關西搬到南投埔里，但我認識客家文化、學習客語，是在美濃工作的時候。我和逸姿一樣是受到鍾秀梅老師的影響而進到客庄，在這個地方，會客語似乎是一件理所當然的事，大家非常自然地用客語交談，也是因為這個機緣，讓我開始慢慢認識自己身上的客家血統和認同。在美濃工作的這一段期間，是我進入到客家脈絡很重要的開端和啟蒙。

涂裕苓：我來自臺東鹿野，小時候沒有環境學習客語，鹿野雖然是較集中的客家聚落，但也有許多閩南人、原住民，所以主要交談都使用華語。我覺得影響我最深的是在美濃工作六年的那一段時期，美濃是個很適合講客語的環境，也啟發了我對於客家的身分認同，不過很多關於生活的觀察，是在臺東發酵而成。不同的空間和對象，會產生不一樣的火花，所以我很謝謝在美濃

涂裕苓

臺東鹿野大原地區客家子弟，揪豆工作室負責人。高中畢業後離開家鄉讀書、就業，那時還不懂客語；開始對客家身分產生認同，是在美濃 NGO 組織工作與生活中慢慢被啟發。至 2016 年回到臺東，試著一邊學習客家話，一邊找尋自己在臺東客庄的生命足跡。曾擔任臺東慢食節策劃執行。

的生活，讓我可以用不同的觀點去看待及回顧我的客家身分和成長環境。

邱靜慧：現在城市和鄉村的距離縮小，也因此讓文化之間有更多的交流，很多生活方式也因此產生變化，為什麼一定要住在客庄？為什麼要在客庄做這些事情？接下來想請大家聊聊在客庄生活的過程中，喜歡跟不喜歡的部分，以及作為一個實踐者和在這裡生活的人，做了哪些事促成新的關係形成？

在文化裡「玩」，互相帶動傳承經驗

涂裕苓：我從美濃回到臺東後，人際關係和網絡幾乎是從零開始，後來慢慢的凝聚了一群從外地移居到臺東的朋友，相處久了之後發現他們是客家人，也都不會講客語，我就把之前在美濃辦過「臨暗食堂」以吃會友的經驗搬到鹿野。從2018年開始一個月聚會一次，每次聚會一定要講客家話。我覺得在臺東有不一樣的火花產生，是在生活上找到支持、互助的夥伴，我們使用共同的語言、為著共同的學習目標去努力探索自己在客庄能做的事。

張卉君：我的客家身分追尋與認同，比較明顯的階段可以說是在美濃愛鄉協進會工作的時候。客庄強烈的生活感不會讓你覺得在工作，而是生活中的學習、創造都跟土地一起，透過不知不覺地接觸、互動，對於文化的感受也因此被建立和鏈結起來。

美濃本身就是支持性很強的地方，在工作中其實也透過這樣的支持性，辦理一些營隊、青年活動，我們像是邊玩、邊學習，那個「玩」是在文化裡的玩，包含在田野間、在黃蝶翠谷、在溪流中，而我們也在過程當中學習。比如我們為了黃蝶祭訓練一批志工，這批志工來參加之後，成為下一個活動的工作人員，大家會互相帶動傳承經

驗，那樣一起工作的氛圍是非常吸引人、也很動人，因為他們參與在其中，而且被承認、肯認的感覺，這會讓與客庄的情感一直延續下去。

美濃擁有相當完善的客庄條件，加上早期反水庫運動的經驗，即便美濃聽起來好像是一個農村，可是它的行動是很前面的，甚至我們在關注的議題其實是和臺灣各地互相串聯、跟國際接軌。此外在美濃我也有發現到一個特色，就是在做田野的時候常會被問到你是誰的孩子，那個人情網絡相當的濃密，好像需要一個引路人帶你進入「內美濃」，他會透過這個關係、網路，去想像你是怎麼來的、決定距離要如何與你應對，會看到那個無形的網路就是這樣延展開來，是一個非常有趣的現象。

吳宗憲：我一直在回想到底是什麼原因和力量把我拉回鄉，好像是一首歌，那首歌讓我突然驚覺到：

張卉君

現為作家、黑潮海洋文教基金會董事、海上鯨豚解說員。曾任黑潮海洋文教基金會執行長、美濃愛鄉協進會研究員。著有《女子山海》、《黑潮島航》、《黑潮洶湧：關於人、海洋、鯨豚的故事》、《記憶重建：莫拉克新開災誌》等。曾獲葉紅全球華人女性詩獎、花蓮文學獎、全國學生文學獎、海洋文學獎、鳳凰樹文學獎等。

2012年，「青年力‧野美濃」活動。（照片提供／張卉君）

「欸！我為什麼要在這邊？」後來發現答案是小時候的生活環境。都市跟鄉下的生活環境是南轅北轍，而我又是念環境類科，我認為只有在鄉下才能實現自己對於環境的理念，然後就回鄉了。回鄉要做什麼事？當時其實也沒想太多，只是單純的想回來，我想著在外建立的人脈，返鄉後也是得重來，倒不如早點返鄉建立人脈。

一開始返鄉有些適應不良，長輩對於土地有種執著，不能做除了生產以外的事，我本來想把自家土地改成生態園區，結果被長輩罵得很慘，但又想著要做些改變，所以就會和長輩發生衝突，最後改與長輩承租的方式，長輩就沒有太多意見。返鄉後我觀察到上一輩對下一輩不是很有信心，所以不願意放手讓你嘗試，是我覺得可惜的事。

我到現在也還試圖去了解人、土地、自然之間的關係到底是什麼？有可能找到一個平衡點嗎？因為現在看到的環境跟40年前差太多，才過了40年河水就乾涸、汙染，那往後是否會越加嚴重？

像我現在經營生態農場，鄉下人來我這會問說，怎麼環境雜亂沒有做規劃？都市人來我這反而興奮得不得了。在都市多數人認同、但是沒有環境實踐理念，在鄉下人們只想著吃飽就好，其他的事不重要，城鄉觀念的差距就由此可見。我們現在很想要推綠色生活，回想我們客家人以前的生活方式，那個精神根本是一模一樣，只是在客庄大家可能不覺得重要。

綿密的人際網路

李佳穎：我是從臺北嫁來的閩南人。對我來講喜歡不喜歡，第一件事情就是吃東

西。我發現客家人習慣放很重的油蔥、韭菜，在家裡煮菜時常常覺得很對不起阿嬤，因為怎麼煮，都不是他想要吃的味道，是我比較難去調適的點。再來就是在客庄的生活中，我覺得人跟人之間的關係特別明顯，人情味也特別的濃重；小時候的生活環境之中，大家比較關注在自己的事情上，最多就是延伸到自己家裡面的人和事，不會管太多，或者是那麼強烈的去介入一些事情。我結婚過後就在家裡當家庭

李佳穎

現任龍肚國小志工隊隊長。大學專攻藥學，曾任藥師一職。自認住在都市裡卻不像都市人，住在農村也不像鄉下人。步入婚姻後，深入客庄、學習客語。

主婦，長輩很疼小孩，只要聽到小孩哭，婆婆、叔婆就來敲門關心，也不是說不喜歡，只是有時候真的會有一點困擾；像現在孩子比較大一點，在教養上不管是對小孩，或者是跟長輩之間的觀念不一樣時，都會有一些衝突。

劉逸姿：我先講不喜歡的部分好了，像美濃在插秧的季節，農藥就噴得很凶，我們雖然討論有機，還有一些友善農業，但是大環境來說，還是以慣行農法為主，在生活中農藥一直是很嚴重的問題。再來是，我在 2007 年來到美濃，那時美濃除了便利商店外沒什麼連鎖企業，但是現在美濃越來越多連鎖企業進駐，這種快速的商業化、現代化是我最不習慣的部分。我們會說旗美地區，旗山、美濃、甲仙等九個鄉區，它是一個很大的生活圈，我會覺得商業應該是在旗山的角色，對我來說我希望美濃保持著農業的生活環境就好。

另外，美濃綿密的人際關係，有一種好像抽離在綿密的人際網路之外的感覺，雖然我不是誰的女兒、不是誰的誰，沒有那種這麼緊密的關係，但實際生活時也會感受到一些很神奇的事，比如郵差、快遞知道我在協會上班，會特地把信、包裹送到協會給我，或是送來協會夥伴的包裹，非常有趣。

黃淑玟

現任美濃八色鳥榮譽理事長、美濃愛鄉文教基金會董事、高雄市野鳥學會理事、美濃湖水雉復育園區發起人之一，擔任國高中及社區大學賞鳥社團講師。曾任美濃國中英語教師、教師會會長、高雄市客語英語輔導團兼任輔導員。積極將客語及客家文化融入校園教學及活動，推動客語、客家八音、藍衫、賞鳥後生傳承，串聯學校和社區教育。

黃淑玟：我在美濃國中教英文，英文老師都很喜歡出國，我雖然沒錢出國，但可以留「美」我也覺得很棒，我就抱著遊美濃的心態，一邊享受美濃的美好、一邊在生活中學習客語。我不喜歡的地方是美濃的長輩對自己的小孩很嚴厲，但是對外人卻很寬容，孩子需要多一點鼓勵。

我希望語言要有血有肉，所以要跟生活融合，教育也是，我們要讓孩子知道美濃的生活。因此，我很喜歡把教學跟社區、客語、客家文化融合。我覺得語言是平等的，英文沒有比較高級，所以我用英文老師的角度去學習客語，又帶外國人來到學校、社區，成立英客語解說班，也帶著孩子參加黃蝶祭志工；此外，也找經費辦理八音班，很多大人小孩肯學習並持續，而且八音所使用的客語，如音樂和樂器的用語，也因為這個方式流傳下來，甚至孩子還有機會在請伯公的儀式上伴奏。20年前

人家覺得我很雞婆，現在反而變成一種顯學，學校其實有很多事情可以發揮並和社區結合。

對我來說，我希望長輩可以珍惜我們這輩看中的東西、跟我們後輩多多討論、尊重我們的經驗和意見。因為有些我們很珍惜、想要找回的事，是那個時代的他們沒有辦法理解的。

邱靜慧： 大家都有談到自己精彩的歷程，尤其是怎麼樣去適應和融入客庄的生活。而在場每一位與談者在各個公共領域都有些公共身分，因此想再進一步的問大家，我們如何利用社區、公共的身分去做一些有意義的事。

複雜度越高，越安定

李佳穎： 我這幾年做得最勇敢、最對的一件事情，就是跟孩子一起上學、一起學習，他們是入學，我則是參加學校的志工。會來參加學校的志工，基本上出發點都相同，比如陪小孩、了解學校、或是為孩子多做一些事，所以大家會有一個共同的理念，彼此之間開始互相學習、影響；而我也在志工隊裡認識主持人靜慧，她常常給我一些想法、推我一把，比如參加社大學習客語、和淑玫老師的賞鳥班等，我就從這樣的方式進入到客庄當中，自然而然地認識很多不一樣的人，大家都一樣生活在這裡，想法相同也好、不同也罷，重要的是大家會互相交流、學習，從團體當中學到很多事情。

劉逸姿： 我還有另一個身分是媽媽，小孩目前就讀瀰濃非營利幼兒園，他們是採開放式的教育，所以會用一個學期的時間跟小孩討論如何「畢業」。

我也發現到現在大環境對於幼兒的資源，特別是客語、客家文化的資源是非常有限的。學校很難去阻擋主流文化的影響，像是幼稚園的小朋友也會看《鬼滅之刃》，大家都喜歡艾莎公主，但是客家文化裡有什麼是可以讓小孩從小的時候就享受在這樣的文化裡面，讓他有唱客家歌覺得自己很棒、很開心的這種感覺。而高雄市政府客家事務委員會近年推動客語童謠專輯，對小朋友來說是一個很好的教材；雖然有客語的資源，但畢業還是要唱一些不符合幼稚園年紀的華語歌。

劉逸姿

現任美濃黃蝶祭策展人、瀰濃非營利幼兒園家長委員。於2007年落腳美濃，以藝術為方法打開各種可能的文化工作者。2014年開始主要負責美濃黃蝶祭，隔年完成國立高雄師範大學跨領域藝術研究所碩士學位，長期耕耘農村藝文，期望農村裡長出文化行動。

去年，後生音樂人黃瑋傑和他哥哥仕傑回到美濃，辦一些音樂會活動，他做的歌很有魅力，小孩都會跟著他的歌哼唱起舞，所以我邀請瑋傑跟學校合作，寫一首小孩的畢業歌，並舉辦了社區說明會，大班的孩子、家長、學校老師、職員，大概80幾個人來參加，其中很感動的是，小孩也會舉手發表他們自己的意見和問題。

而客庄對我最大的影響就是，讓我在結婚、有自己的孩子後，和孩子一起重新學客語，一起創造在客庄有趣的日常。

黃淑玫：六年前我就退休了，有人會問說這麼早退休要幹嘛？我覺得還有好多事情可以做。像是我觀察到青少年小時候對自然生態很有興趣，但到國中以後，那個自然魂就不見了，其實每一個人剛升上國中時，我覺得他們是炯炯有神的，但到了國中畢業時，就好像沒有了希望，所以我在學校給孩子的教育是讓他們對周遭的事物產生自信和興趣；但是，我發覺自然魂這件事情好像沒辦法喚起。所以退休後我就結合賞鳥的興趣，到國中和社大去教賞鳥，不但可以結合我的興趣和學校連結，也能再去做親子教育的教學嘗試，像剛剛說的八音班，我就有更多時間可以陪伴他們去深入了解這項文化。

此外，我覺得客語是生活的語言，但當我們要用客語講一個新的詞彙時，老人家就會說沒有人這樣講，但我覺得我們可以慢慢讓這個觀念改變，新的講久了，就會變新的詞彙，而我也想找回各種鳥類的客語說法。我覺得退休後一樣有很多事可以做，繼續遊美濃！

吳宗憲：20多年前，講生態沒有人聽得懂，也沒人知道我們在做什麼，有一次我們嘗試著在廟埕講生態，看有沒有人來聽，每個村講兩次，到最後都有30、40個人來聽，給了我們很大的鼓勵，並認知到不是鄉下人不重視，而是沒有人跟他說這件事情的重要性，我們也成立大蠻牯環境保育協會，做生態保育

吳宗憲

柚園生態農場共同創辦人，耕耘至今15年。求學時期主修園藝、森林及景觀，長期關注環境問題。畢業回鄉後，鑒於家鄉自然環境的快速消失，打造田心生態園，復育生態並推廣生態教育。同時成立大蠻牯環境保育協會，進行社區營造工作。

和社區的事情，慢慢讓社區活絡起來。但後來發現，社區營造如果碰到帶頭的人更迭，大家想關心、著力的點可能也會跟著改變或消失，所以就開始以柚園生態農場為據點，實踐自己的想法、理想的環境。

我做了十幾年後有一點成績，至少理想中的環境有做出來，因為時間的累積，成果就會慢慢顯現。我的專長是環境，夥伴是教育，我們就用環境教育的手法在經營這樣的地方，不過在鄉下地方做生態議題的影響力還是有限，當周圍還在用農藥化肥破壞生態時，我們的農場像是獨立的伊甸園一樣被層層包圍。

這兩年有在想，應該要有不同的思維進來，所以我們開始對外開放，也因此有了一些奇妙的跨域合作，比如聲音藝術家、舞踏藝術，都來到我們農場。這樣接受不同文化的刺激是件好事，以大自然來說，複雜度越高越安定，文化也是一樣，就像我們今天這樣互相對談，反而會碰撞出有趣的火花。

不知道為什麼現在大家的心靈好像缺了一塊，我們小時候都在田裡面跑跳，沒特別感覺有什麼缺失，不過，現在的小孩連拖鞋踩在土地上都不敢，我們所認為理所當然的事情一直消失不見，而我現在做的就是把這些最基礎的東西找回來。

張卉君：2014年離開美濃之後，我到黑潮海洋文教基金會，我的田野就從山裡變到海洋，後來又從花蓮回到南部甚至美濃時，讓我重新觀察思考，在一個時代的發展底下，我們對於便利性的需求，讓大家遺忘了我們曾經的生活型態是和自然共存且息息相關，但現在卻被便利性稀釋、取代。

如何讓我們重新在生活當中，再把人跟自然的關係連結起來，是我覺得未來客庄非

常重要的實踐，尤其是美濃絕對有這樣的條件；所以我自己回到客庄的時候，很希望未來可以透過教育的方式也好，或者是在辦活動的過程中，重現、回歸以前的生活經驗，比如奉茶、植物包材包裝等，這是我希望未來可以在農村實踐的部分。

2018年成立，臺東鹿野客家料理會話班。（照片提供／涂裕苓）

涂裕苓：鹿野因為多元族群的關係，我們很少會特別強調自己的客家身分，臺東是觀光立縣，有關飲食的議題與文化，在最近這幾年非常的夯，因為吃的東西跟大家比較容易產生共鳴，它會反觀到以前的生活和經驗，這些東西就會回饋到料理這件事情。

自發性的辦客家料理會話班，也是因為不想放棄自己客家人的身分和語言，因為我回臺東，真的沒有什麼環境可以講客家話，如此一來一個月至少有一次機會可以講，我們在過程當中也可以討論很多的議題和想法。跟老人家學料理時，我們會想學習古早的做法，無論是傳承或創新，這就是大家試著去實踐或嘗試的一種方法，讓這些老人家知道我們有一些自己的想法，可能還會包含我們對這個環境所關心的行動和理念；此外，我覺得跟原住民的相處也會有一些很特別的互相影響，比如我們的客家料理被原住民文化影響、原住民來學做客家料理之類的。

客家料理會話班也辦了四年，當中幾乎沒有中斷，也有很多人想要加入，未來想嘗

試在鹿野以外的地方辦理，譬如說長濱、成功也有一些客家人，也許可以有一個以吃為題的聚會，去談論各地客家族群的文化、特色、或是想要關心的議題，認同客家的原住民也可以一起加入，類似這樣的聚集看看在臺東可以有什麼樣的實踐。

找到連結家鄉的方式

邱靜慧：最後請所有與談人用一句話總結今天參與的心得。以我來說的話，我學習到最多的是我們怎麼樣重新連結人跟自然的關係，這個議題可以變成客庄創生的主題。客家聚落可以如何復育自然、淺山這樣的環境，變成很多人想要來這重新體會人跟自然重新連結的基地，而這個基地可以體驗文化、語言、生活，我覺得是今天很重要的一個方向。

李佳穎：我學習客語有五、六年了，平常沒機會這麼密集使用客語，今天是有史以來客語用得最多的一天，雖然講不好，但大多都聽得懂，這是我今天最大的收穫。

劉逸姿：我覺得最重要的是要好好生活這件事情，因為好好生活你就能夠慢下來，去觀察很多生活裡面的環境，進而去認同，並且有這樣的能力去學習更多的東西，以此打開不一樣的眼界。

黃淑玫：我希望我所教過的小孩可以像大家一樣，找到自己在家鄉可以做、或是在外鄉也能持續跟美濃有連結的事。現在很多人想要離鄉，其實在外面學習也不用擔心，重要的是你用什麼方式跟美濃連結。

涂裕苓：我很認同逸姿剛剛講的好好生活，有意識地去觀察周遭的環境對我們的影

響，另外，在推行理念時，可以採輕鬆、較沒負擔的方式進行，讓人下一次還想要再來。大家可以一起投入、參與，是在客庄生活最重要的一件事。

張卉君：回到客庄這個過程對我來說是很重要的生命經驗，也是一個很不容易得來的身分和文化認同，所以我很感謝過去有一個在美濃工作的經驗，也認識了大家，未來我希望有很多新的可能可以重新連結。我相信在這個場域裡面，我們聚集在此討論這些事情，也是因為我們期待未來能有更多的可能性。

吳宗憲：我的感想是希望能鼓勵年輕人回來。聽到現在便也想著，有一天我們也會變成伯公伯婆，希望我們會放手給下一代的人去嘗試，讓他們敢跟我們一起去討論。

延伸
閱讀

柚園生態農場

位於屏東縣麟洛鄉的休閒生態農場，占地兩公頃，由林穎明、林俊豪、吳宗憲三人於 2006 年回鄉承接祖父的傳統農場所創立。「柚園」二字源自過去廣植白柚而來。園區花費 14 年進行環境復育及經營，保留了多樣的生態環境與多層次的植栽設計。同時也打造友善的生物棲息地，提供許多的野生動物棲居。復育有蛙類、蝴蝶、螢火蟲等，並收容了許多遭棄養的動物。園區內有駐園人員做生態解說，設計各式各樣讓民眾探索體驗的生態活動，開放給遊客認養農地栽種作物，體驗農村種植的樂趣。（照片提供／吳宗憲）

從遠方回家：
地方感與集體記憶的再創造

時　　間：2022 年 7 月 2 日（六）14:00 至 16:00
地　　點：左轉有書（臺北市中正區鎮江街 3-1 號）
召 集 人：
　　　　　邱 靜 慧／美濃愛鄉協進會總幹事
與 談 人：
　　　　　李 慧 宜／記者、作家、導演與農民
　　　　　邱 星 崴／國發會地方創生青年培力南庄工作站主持人
　　　　　邱 適 珩／美濃柚仔林合和學堂書店負責人
　　　　　曾 鼎 凱／藝夥人表演製作團團長
　　　　　楊 易 玲／慢熟咖啡 Encore Café 負責人
記錄整理：羅 亭 雅
攝　　影：汪 正 翔

邱靜慧：今天要談的是地方感與集體記憶的再創造。我想請大家介紹自己為什麼會回到家鄉或入鄉的過程，而在這個過程中，是否有遇到哪些困難？又該如何去面對或嘗試做些改變？

回家，慢慢把客語撿回來

邱適珩：我在美濃開書店已經要第四年了，不過回到美濃已經八年。當初回到美濃其實沒有特別的因素，只是想說爸媽年紀大了，就辭職回來幫他們一起經營甜粄生意。不過，回來美濃第一年時找不到工作，所以我在地方的補習班教英文，又去讀外文研究所、到旗山國中當代課老師，後來因為論文寫不出來辦了休學，就想說來開書店，我也不知道那時的我在想些什麼。

邱適珩

柚仔林合和學堂書店負責人。2013 年回到美濃，從學著生存，到學會生活的過程裡，重新適應家鄉步調，看見多年來地方多元文化的融合與衝擊。也擔任英文老師，經常穿梭在地方學校，最近更玩起 Podcast，偶爾在講客電臺串場當主持人。

回到美濃後，在和學生交談時，我發現我的客語變得比以前差了，甚至連學生都以為我是外地來的人，所以我開始重新學習如何講客家話，因為當你不再說母語時，就會跟地方上產生斷裂感。

有時我會想，假使我的客語再好一些，應該可以更加了解我的家鄉美濃，了解這個

地方的歷史脈絡、我自己是什麼人，還有更多更多的事情。如果語言和在地文化能夠緊密扣合的話，或許可以找到更多與地方連結的可能性。

楊易玲：我14歲時因為讀書離開美濃，開始工作後就到了臺北，30歲時想要在生活及工作上做些改變，就開始重新審視自己的興趣，所以去學了烘焙，甚至自我推薦到法式甜點店當學徒，結婚後在老公的支持下，決定31歲創業，在高雄開咖啡廳；再過三年，有了小孩後，除了實現大人的生活外，也開始討論該給小孩什麼樣的生活環境，因此有了「希望小孩童年是快樂的」共識，決定離開都市，回到美濃開咖啡廳。我認為，童年就是要在一個比較沒有框架的地方生活，而且有家人的陪伴。希望孩子在家鄉生活的日子裡，能夠成為他們的養分及美好的回憶。

回到美濃後，開始嘗試以在地食材入菜，推廣地方特色，除了開店營運外，也辦了一些講座，甚至召集小農一同共煮共食、把美濃特色商品推到臺北參加展覽，最近又找職業背景都不同的十戶人家一起共耕七分田；雖然有許多困難、摩擦以及需要調適的點，但重要的是過程中大家一起去挑戰、做這些事情，所以在回憶這些事時，覺得是好玩、有趣的事，沒有特別覺得需要克服的部分。

邱靜慧：我觀察到大家做的事情，可能是在過去的客庄沒有過的，比如像美濃這樣一個傳統的客庄也發展許久，但是像書店、咖啡廳都是過去沒有過的空間。

曾鼎凱：以前在屏東有一個社區風氣，好像要去臺北讀書、工作、生活，人生才有成就。我因為舞蹈資優的身分，15歲就到北藝大讀舞蹈，一直到30歲都在臺北生活；到了30歲，有一個心理轉變的過程，因為在戲臺上扮演過很多不同的角色，但每當我回到家裡的時候，我會想我自己是什麼人？我從哪裡來？我家鄉的故事又是

什麼？尤其我身為一個從南部離鄉到臺北工作的人，這份心情更是油然而生。

每半年回鄉一次都看到很多轉變，心裡都很掙扎，到底是留在臺北繼續打拚，還是要回到屏東來做事情。30歲時我給自己兩年的時間，看能在家鄉做什麼事，如果兩年都沒成功，我就回到臺北。

一開始真的也是沒什麼事好做，因為我學跳舞、表演藝術，屏東不像高雄有較多的劇團資源，所以我第一件事就是幫爸爸種咖啡，我脫下了舞鞋、穿上靴筒，站在田埂上澆水、灑肥料。幫忙爸爸時，我開始轉變心態，去扮演耕田人這個角色，透過觀察學到了以前的生活經歷中從不會知曉的事。

再來就是我回屏東後，有個老師請我用客家文化做表演藝術的創作，這讓我感到很有興趣，不過在第一次嘗試後，我發覺雖然我是客家人，但對於客家文化，包含語言、文化、歷史、故事等卻並不熟悉，也使得創作出來的東西讓我有些不滿意；所以為了創作，我開始走進客庄，看到阿公、阿婆在做我沒看過的事，我就會去觀察、詢問，而田調的過程中，也開始意識到語言不通產生的隔閡，即當我不說客語時，我沒辦法透過語言去了解阿公、阿婆在做的事，只能透過他們的行為片面地去認識，所以我決定慢慢把客語撿回來。

此外，我也報考了屏東科大的客家文化產業研究所，透過學術及知識面的學習，使我對於客家文化的理解不僅僅只停留在淺淺的表面，得以有更深層的論述出現在創作中；而我認為客家文化不單只是某一個人的客家文化，應該要呈現出多數人所展現出來的族群特色，這也是我在創作過程中特別注重的地方。

中國廣東梅縣的春菸菸田。（照片提供／李慧宜）

李慧宜：我是新竹竹東人，不過我爸爸是廣東梅縣的客家人，他是外省人，我是外省第二代，所以對我來說，這樣多元的身分讓我變得比較沒辦法很明確地說我是哪裡人，直到我爸過世後讓我對於自己的身分認同有些改變。

不知道大家有沒有聽過羅大佑有一首歌叫做〈鹿港小鎮〉，早期我對這首歌有一個強烈的認同，30歲以前在臺北生活，我一直認為臺北不是我的家，不過不是我家，也是一種家；人不一定要有家這個硬體空間的概念，我知道我來自哪裡、是誰養大的、讀過什麼學校、有什麼興趣、我寫過什麼文章，我就是什麼人。後來，美濃反水庫的時期，聽到了交工樂隊名為〈縣道184〉的歌曲，因為這首歌，我終於可以了解為什麼有人對自己的家鄉、對自己來自哪裡、喝過哪邊的水、吃過哪邊的米，有如此強烈的感受，因為這是我從來沒有過的感受；所以當我聽到有人把這樣的感情化作歌曲與歌詞，唱出來的時候，對我來說是很大的衝擊。也就是因為這兩首歌，形成我對家或者是家園、家鄉最粗略的基礎概念。

家鄉其實是由兩種感覺形成的，一種是空間，一種是時間。

我父親的家鄉在梅縣，初見這裡的群山時有一種親切感，像是我以前待過的竹東、芎林，甚至是美濃，都有相似的感覺，所以對我來說，這樣的山形、水流所形成的就是一種家園感，也有一種共通性讓我感受到我就是農村的人。

而當我看到梅縣於田的景象時，我的眼淚頓時滑落，我在爸爸的家鄉想念自己的家鄉，而我的家鄉就在臺灣，所以回來後，我就開始決定在南部做田調，最後會在美濃生活是有很多的因緣，不過有一項是我心裡對於家鄉的印象，一直有於田的畫面，雖然是兩個不一樣的地方，但我相信這個家園感是相同的，重點是生活在這邊的人，他們想要有什麼樣的改變，就有什麼樣的故事，我今天想要講的再創造，大概就是這個概念。

邱靜慧：接下來請客庄創生新竹場的召集人邱星崴，在此次討論的創造地方感主題下，分享一下投入地方創生的過程中，所遇到人事物的轉變，以及未來可以發展的議題。

邱星崴：我從小在南庄被外婆帶大，讀幼稚園的時候就跟著父母到臺中，是個很經典農村小孩的故事，這個過程我和大部分的人都差不多，在臺中讀書、去補習班，放假的時候才去鄉下，所以我會覺得都市的生活沒什麼意思，整天都是考試，反而是回到鄉下的時候很快樂，可以滿山爬、到處跑。

邱星崴

現任客家委員會諮詢委員、國發會地方創生青年培力南庄工作站主持人。2014年成立「耕山農創公司」，並租下老屋開設「老寮」青年旅館。長期在客庄從事地方工作，歷經社區營造、社會創新、農村再生以及地方創生，致力於客家文化的保存與轉化。

大學三年級的時候，有一門課要求探討一個地方清朝時期的樣貌是什麼，我們組就以南庄作為主題，田野調查訪問耆老後，我才發現原來這裡以前的故事如此豐富，讓我感到有些慚愧，為什麼在這裡長大的我，對於地方的了解這麼少，也引發了我是不是可以回到家鄉，重新了解家鄉的想法。在寫碩士論文時，我以家鄉為題目、辦了社區報，開始對家鄉有些了解，不過我了解這背後還有些社會結構的問題，因此參與了社運，跟著農民一起走上街頭發聲。

南庄其實是一個很國際化的地方，大家喜歡在國內享受異國感，我覺得沒什麼意思，明明我們的老屋都是19世紀國際化的結果，應該要讓大家看到這個比較深層的部分，所以我就想開一間青年旅社，讓大家留下來，有更多的時間去認識更深的南庄。

我曾聽長輩講過一個關於「伯公火」的故事：南庄的河邊有出現過伯公火，它不像鬼火一樣會到處飄，伯公火是成列的火光，當地人都說是伯公出巡的路徑。我賽夏族的朋友說他阿公看過河水沖往伯公廟，而伯公廟上方顯露出一道光芒，那是河神在與伯公鬥法；我阿婆也說舅公以前在鄉公所工作，晚上下班都不用拿火把，因為河道上有伯公火照路；而我在看東勢客語故事集時，也看到了關於伯公火的傳說。因此我想，這可能是以前臺灣尚未有工業汙染時，中部河流上游特有的自然現象，但這樣的景象僅停留在老人家的記憶中，我們從來也沒看過這樣的光景，我覺得這也是我們這一輩人的悲哀，連失去什麼都不知道。

2014年，客庄小旅行──獅山土地公，在土地伯公前體驗山林，遊學臺灣活動。（照片提供／邱星崴）

後來，我就以這個故事替我兒子取名為「燈河」，代表他是南庄這邊的人、在這裡生長，也和這片家園的景物有很深的連結，當你把自己的生命放在地方的尺度下去看，就會知道自己為什麼會在這，以後又該往何處走。創生應該要做到這種程度。

地方創生的重點是如何延續這樣的地方，也就是地方性，而不只是產業、賺大錢、搶資源。文化的事情沒辦法去限制規定，我最近有想到一個比喻，當投入地方時，我們做的事情其實很像是在搭瓜棚，瓜藤會沿著棚架生長、開花，基底搭得好，文化才會長上去。

我用南庄來舉例，南庄是西部行政區裡少數三個族群共同生活的地方（客家人、泰雅、賽夏），以前族群間會分工，而現在因為觀光化，族群間的交流反而不如以往，我認為可以試著搭建一個讓族群重新互動的機制。我想，創生應該是從這樣的思考模式下著手，以此找到更深的地方性，才去思考如何在這個時代，延續這樣的地方性，以及搭配的機制。直接去想產業的話，應該很難找到問題及突破點，因為產業很現實，現實的東西就會被人家看作是答案，但是當你只做觀光，沒有做其他事，就像是在慢性自殺，如同內灣的小學一樣，沒有人願意留在當地讀書，面臨招收不到新生的窘境。

地方創生，不該把地方當作一個形容詞，地方應該是個主題。

邱靜慧：我們今天談論的議題，其實有一個很重要的部分，就是剛剛說到的地方感的形塑，我們做文化工作的人，就像在地方上搭一個瓜棚、人工魚礁，讓更多的人可以在這個架構裡面去創作。

美濃反水庫運動是我大學時期參與的社運，至今也已經30年了，當時我們那一代的人，透過這樣的事件凝聚地方感，那現在新的一批年輕人，要如何透過新的過程去認識地方呢？我想，大部分在美濃長大的孩子是很幸福的，在地的學校沒有面臨到招不到新生的情形，不過還是感受得到某種價值正在消逝中。

接下來想請每個人談一下，在面對地方議題時如何和地方對話，或是看到地方上的哪些問題，而這個問題又如何影響在地的生態。

知道自己要的是什麼，才能看見地方的需求

曾鼎凱：回鄉後我深刻感受到當大家都離開屏東，去高雄、臺北等大都市，那自己家鄉的故事就沒有人能訴說。而我遇到最大的問題就是——沒有人，表演藝術最重要的是要有人來參與，不過屏東的藝文資源不如高雄、臺北豐富，常常需要多花些時間及費用找外地的夥伴一起參與；第二個問題是屏東在地人對於表演藝術不太重視，在他們的印象中，表演藝術等同於社區長輩跳土風舞，比較無法將表演連結到文化傳承；因此，我給自己一個目標，我一定要當第一個用表演藝術做客家文化傳承的人，實現目標所不足的地方經驗及人脈，我用了十年去累積，也成立了「藝夥人表演製作團」，現在在屏東有個喝咖啡、排練舞蹈的空間。

我希望有更多的創作人才，不管是音樂、舞蹈，或是其他藝文人才，能夠回到家鄉，而家鄉可以有個地方，能把這些夥伴聚集起來，一起做些事。不過客家人很執著於傳統，這對於我們在創新時多少會產生衝突，而我也還在努力地與地方上的長輩協調甚至挑戰，透過不斷地嘗試，找出我們互動的模式。

邱適珩：身為一個開書店的人，我認為地方創生最重要的事情就是不要追求KPI（關鍵績效指標，Key Performance Indicator），希望創生案的承辦可以到地方上住一段時間，他才會了解每個地方的特性不一樣，需要的東西也不盡相同，不能以同樣的標準去審核。此外，地方創生應該要讓在地成為有磁吸力的地方，而在這之前，必須要讓在地人認同自己的價值。

曾鼎凱

藝夥人表演製作團團長。國立臺北藝術大學舞蹈系畢業，持續於國內知名舞團歷練，2013年將表演藝術帶回家鄉，並於2016年獲得客家委員會頒發客家青年創新發展獎，創立「藝夥人表演藝術團」，培養更多在地青年藝術家。

我希望未來的年輕人在回鄉之前，可以先到外面工作，學到東西後再回來，這樣對地方的刺激才是真實的，因為你要先了解自己，知道自己要的是什麼，才能看見地方的需求，這樣做出來的創生才會有意義。

透過每天做的事情去創造、做出不一樣的改變

楊易玲：法國人非常自豪於在地特產，因為在法國料理的精神裡，所謂風土，就是代表這片土地獨有的特色，包含氣候、作物、美食、風俗等，比如要喝蘋果酒的話非布列塔尼莫屬。我們找幾個家戶共耕後，帶著小孩一起參與田事，知道了什麼季節會長出什麼樣的作物，不合當季的作物還是種得出來，但會不好照顧、也沒有當季的口感，而開始耕田後，孩子就會和土地產生連結，知道那個東西是需要過很久

才會長出來，而不是去菜市場付錢就能拿到的東西，變得很珍惜食物，也會了解他參與耕種是件很有價值的事，這些經驗都是自己親身經歷的過程。

而耕作後，我也開始體會到客家惜物愛物的精神，看著辛苦耕種而來的蘿蔔，就連蘿蔔葉也要想辦法妥善運用，醃成漬物保存，我才了解到原來以前客家長輩不是說有多節省，而是他們想辦法透過每天做的事情去創造、做出不一樣的改變。這就是我在教育上以及對於美濃地方感建立的回應。

楊易玲

慢熟咖啡 Encore Café 負責人。與先生返回故鄉美濃，期望剛出生孩子在群山環繞、有田野風光的鄉村長大。從使用友善小農的產品作點心開始，慢慢建立咖啡店口碑。

美濃的隱憂，整個世代的文化斷層

李慧宜：我較少有和組織、群體相處或共事的經驗，不過對於生活的觀察比較深入，比如說，我跟婆婆、我和土地之間的關係，無關好壞對錯，這樣的方式反而讓我保持一定的距離，得以觀察整個美濃，甚至是整個南部農村的變化。

我有觀察到在今天這個議題下產生的問題，即傳統文化在家庭教育中逐漸弱化，就像剛剛邱星崴講的「伯公火」的故事，這樣的常民故事不是學校教育有辦法觸及

的，而是必須透過家庭教育，在代間相處的過程中才有機會傳承下去；雖然有學校教育可以輔助，但所做的程度有限，比如說，我兩個兒子就讀於龍肚國小，龍肚國小算美濃的國小之中，食農、文化、環境教育等資源最豐沛的一個學校，即使如此也還是沒辦法超過家庭的功能，所以我跟我婆婆之間的傳承就變得很重要。

我以自身做例子，我因為比較晚生孩子，婆婆年紀大了沒辦法幫忙帶，有些生活或文化經驗就無法從婆婆身上學習到，產生了地方感的

李慧宜

以農為核心，職志三農與環境議題，身兼記者、作家、導演與農民。2008 年以「農村的生存遊戲」獲曾虛白先生公共服務報導獎。2018 年以「北農休市風暴系列報導」獲卓越新聞獎。近年著有《農村，你好嗎？》、《美濃，正當時》等書。紀錄片作品有《縱古流今高屏溪》、《米倉的孩子》等。

斷裂，還有一點是，長輩通常沒辦法接受年輕人或新的事物變化，年輕人也接不住長輩的經驗及智慧；而除了家庭、世代的斷裂外，也包含整個社區及文化對話上的斷裂，我想這會是美濃的隱憂，以及臺灣農村所面臨的明顯的憂慮。

共享同一個價值，讓客庄與時俱進

邱靜慧：雖然已經有客庄創生這樣的政策形成，但中間還有什麼人或角色可以去介入、並維繫這樣的地方感，而非只流於計畫的執行和報告。最後，想請大家從這個角度切入，談一下在各自不同的角色下，想要維繫、創造什麼樣的地方感？

曾鼎凱：我呼籲年輕人不要大學一畢業，馬上去念研究所，可以先到社會上走跳、摸索，看到自己哪些地方不足，再回到研究所精進。

我在念藝術大學時，有一位老師說的話讓我印象深刻，他說：「如果有一天，發現自己不是藝術家時，該怎麼辦？就結束這條路嗎？不！你可以成為藝術家的培養皿，或是那一盆土」，每當我想起這句話時，就會回望到自身的行動。

我以前其實很怕跟人說我是屏東人，因為一般人對於屏東的印象是文化沙漠、貧瘠的地方。如果屏東是一個文化沙漠，那我希望我家可以成為一個簡單的綠洲，讓文化、藝術人來到屏東時可以坐下共飲一杯，透過「藝夥人表演製作團」打造出一個平臺，讓屏東的年輕人創作者，可以在這裡好好發展，這就是我自己對目前能為家鄉做的事的想法。

邱星崴：臺灣自工業化以來，就不斷地榨取農村的資源，在農村處於弱勢的情況下，任何事情都會被當作救命的稻草，我在擔任大學社會責任實踐計畫審查委員時，常會看到一個共通的問題，是教授看到什麼就去做什麼，很多單位在寫計畫時並不是以在地需求為發展的考量，農村的主體性不見了，所以我認為農村應該要養成自己的主體性，接著才來討論要做什麼事情。

我希望未來客庄能夠保有自己的特色，在地能有一個組織不斷地去累積地方的社會關係，以其發展出長遠的規劃，客庄創生應該要讓每一代人都能在地方上好好生活、安身立命，大家可以共享一個價值，而這個價值是我們祖先所傳承下來的，不過每個時代都有不同的生活方式及能力，客庄要能與時俱進地前行。

邱適珩：語言就是生活，我希望在客庄生活的人，可以懂得這件事，有朝一日可以很自然地講客語，而我也還在學習這件事。

楊易玲：我不喜歡都市人際相處間有隔閡的感覺，所以當我回到鄉下，會覺得大家互相幫忙、關心的特質很棒，這也是都市裡所沒有的，因此，我希望客庄可以繼續維持這樣一個有機、共生的狀態；就像剛剛邱星崴講的，大家共享同樣的價值觀，或是共同關注地方上的議題，雖然年輕人帶著新的想法從遠方歸來家鄉，但我們還是可以去擁有那個價值，共同去創造新的文化延續。

李慧宜：當我們不了解自己時，沒辦法用客觀的態度去認識別的文化，期望未來臺灣的農村可以建立更多對在地的了解，也不要以偏概全，用南部客家的角度去看待所有客家族群。

邱靜慧：大家今天所講的是維持在地主體性的同時，要能保有對外的開放性，不過這個開放不等於接受所有的價值觀，還是要以維護主體價值為前提。

延伸
閱讀

交工樂隊《菊花夜行軍》

交工樂隊（1999年-2003年）是來自客家庄美濃的獨立樂團，早期因反美濃水庫備受關注。團名「交工」為「交換工人」之意，是70至80年代美濃菸葉全盛期需大量人力投入農忙時的習俗。《菊花夜行軍》是交工樂隊第二張在美濃「菸樓」所錄製的專輯，內有十首歌曲，以客語作詞，結合東西方的樂器詮釋臺灣農村問題。有客家八音：鑼、鼓、嗩吶、月琴、三弦等傳統樂器，有客家山歌的樸質基底，並結合現代搖滾樂及民歌精髓，創造呼應社會現實的客家新民謠。交工樂隊以此張專輯於2002年榮獲金曲獎最佳樂團。

客庄音樂教育的新傳統

時　　間：2022 年 7 月 16 日（六）14:30 至 16:30
地　　點：三餘書店（高雄市新興區中正二路 214 號）
召 集 人：
　　　　邱 靜 慧／美濃愛鄉協進會總幹事
主 持 人：
　　　　劉 逸 姿／美濃黃蝶祭策展人、瀰濃非營利幼兒園家長委員
與 談 人：
　　　　王 宏 滕／國立屏東科技大學客家文化產業研究所研究生
　　　　陳 俊 名／美濃在地青年
　　　　黃 淑 玫／美濃國中退休英語教師
　　　　黃 瑋 傑／音樂創作人
　　　　黃 鴻 松／龍肚國小教務主任
　　　　鍾 兆 生／美濃竹頭背八音團團長
記錄整理：江 怡 瑄
攝　　影：林 博 楷

邱靜慧：相信大家對客家文化的印象都是「傳統」，但我想傳統是能於未來創作的。做音樂教育的黃鴻松主任，曾在高雄市客委會的支持下推動三張童謠專輯；柑仔老師（黃淑玫）在美濃國中成立了客家八音團，也帶著青少年創作客語專輯；主持人劉逸姿曾在客委會築夢計畫的支持下，至林生祥老師演出的歐洲國家參加音樂節；客語歌手也是美濃子弟的黃瑋傑，已回到美濃庄頭並做音樂教育；竹頭背八音團鍾兆生團長是「六堆庄頭劇場」中，《八音 Reunion》這齣戲男主角的爸爸，旁邊的陳俊名飾演男主角，他是在製作客語青少年專輯後走進客家音樂的領域；王宏勝是麟洛客家人，參與「六堆庄頭劇場」《樂土》這齣戲，他在裡頭演奏優美的胡琴。

劉逸姿

現任美濃黃蝶祭策展人、瀰濃非營利幼兒園家長委員。於 2007 年落腳美濃，以藝術為方法打開各種可能的文化工作者。2014 年開始主要負責美濃黃蝶祭，隔年完成國立高雄師範大學跨領域藝術研究所碩士學位，長期耕耘農村藝文，期望農村裡長出文化行動。

劉逸姿：第一題想問大家的是：我們在唱誰的歌？這些歌產生的背景及起初如何思考規劃？

黃鴻松：我的年代會聽鳳飛飛、歐陽菲菲的歌，沒有自己的歌。庄頭的老人家會唱山歌，但大家都不愛聽，等我們長大後，對庄頭音樂並沒有很深的情感，還是跟著流行音樂走。我回到家鄉後，發現客家傳統歌謠才是我們真正的生活，原來以前婆婆媽媽們唱的歌是從土地裡長出來的，但要拿這些來教學生，我發現離他們太遠，

無法進入他們的生活、生命裡。我們這代人要當中繼站，融合原有的音樂、語言，用新的方式寫出讓孩子更容易接受的旋律、歌詞，所以我們想寫的是在地孩子能唱的歌。大部分的客家歌是給大人聽的，給小孩聽的都是幼兒童謠，大部分又都是北部腔，聽不到六堆的，因此高雄市客委會說要做適合在地的孩子、六堆腔的客家歌。

黃淑玫

現任美濃八色鳥榮譽理事長、美濃愛鄉文教基金會董事、高雄市野鳥學會理事、美濃湖水雉復育園區發起人之一，擔任國高中及社區大學賞鳥社團講師。曾任美濃國中英文教師、教師會會長、高雄市客語英語輔導團兼任輔導員。積極將客語及客家文化融入校園教學及活動，推動客語、客家八音、藍衫、賞鳥後生傳承，串聯學校和社區教育。

黃淑玫：我 20 年前剛到美濃國中時，孩子們都唱祖父母或父母的歌。學校舉辦歌唱比賽，有分閩南語組、華語組、客語組和英語組，閩南語組是最多人報名的組別；因為祖父母愛聽，家裡的伴唱帶都是閩南語歌。他們不愛聽客語歌，覺得太老氣了，另外他們覺得自己客語不好，對自己沒自信。有一首畢業歌〈毋盼得〉，學生不會不喜歡，但不願意當作畢業歌，會想用流行歌，孝伸老師去跟生祥說青少年都沒有適當的客語歌可唱。後來他問我：「柑仔，如果我們找青少年寫詞，我作曲，你覺得可以嗎？」我覺得孩子們都很有想法，沒有不行，生祥說歌詞好壞都沒關係，他會幫他們寫最好的曲。「青少年客語創作專輯」第一張是《x+y係幾多》，較多愛鄉愛土的內容，裡面有好幾位學生的作文，寫得讓國文老師很頭疼，結果歌詞竟然都有入選、得獎。第二張專輯《青春个該兜事》開始寫到愛情的主題，當時俊名就開始參與了，我覺得孩子們愈來愈有自信。第三張《係毋係罅擺》的深度就

出來了，寫〈係毋係摎擺〉這首歌的孩子當時國三，他寫的歌詞我看不懂，只能從旁協助討論翻譯成客語。我也是從孩子身上學習，他們的想法真的無限寬廣，所以我希望「青少年客語創作專輯」能繼續創作下去。這些作詞者長大了，在各行各業、學校都充滿自信，成績不一定好，但能走出自己的路。

黃瑋傑：剛剛提到的童謠專輯與青少年專輯，我很榮幸都有參與，會在假日約小孩練唱，練習把客語唸得標準，然後一起錄音，我覺得很有社區的活力。回到我自己的經驗，我小時候住美濃讓祖父母照顧，我的第一語言是客語，後來因為父母在臺南工作，我就搬到那讀書、生活。大學時感觸很深，覺得自己逐漸忘記母語，我當時已在寫歌創作，一直沒想到要寫客家歌，有一次聽到前輩做的很厲害、很新的當代客家創作，受到很深的震撼與感動，我就決定要努力寫，不管寫得好不好，我要用自己的語言寫歌，我到現在都還很努力學客語，一寫就是20年。

黃鴻松：第一張童謠專輯《野來野去唱生趣》是委託龍肚國小主辦，我們邀了很多音樂人：生祥、米莎、瑋傑、顏志文老師。第一張出來時很轟動，南部的客家人餓太久了，因為都沒有自己的音樂，那張專輯是六堆300年來第一張以六堆腔發音唱的童謠。《野來野去唱生趣2》由吉洋國小主辦，《野來野去唱生趣3》是美濃國小，大家輪流，彷彿每個庄頭要負責一張，它變成社區的責任與光榮。第二張取材自大自然，將孩子有興趣的生態議題寫成歌。後來因為社區推行里山生活運動，於是第三張專輯的歌曲就跟里山運動做連結，大家藉此回想以前的生活記憶及現下遇到的環境問題，之後在一些活動上，終於能聽到六堆腔的客語歌。音樂的穿透力和傳播力很強，專輯名稱叫《野來野去唱生趣》，流行性的音樂小孩也很喜歡，但既然有流行，那就會退流行，且小孩會長大，所以客家音樂要跟著時代和小孩的成長前行。反思這三張專輯，很多觀點、思維是大人的，希望有一天真的能唱出小孩的心聲或

他們的生活，不要陷入一直回顧大人的過去。另外童謠雖然主要是給小孩子聽的，但五、六年級已經接近青少年了，童謠不要只做幼兒的音樂，應該要分齡。

邱靜慧：接下來要談八音的部分了，八音是很傳統的形式，為什麼還有人願意學？幾個月前美濃國寶級的八音老師鍾彩祥離世，他曾在社區教學，過世時有一群學生為他的喪禮伴奏，畫面很讓人感動。接著要聊八音怎麼推廣？

美濃國中八音團戰勝錄音帶，被保留下來的儀式

鍾兆生：八音很吸引我的是節奏，如果我聽不懂客語，還是會被這個東西吸引。傳統的八音曲不容易學，我們又沒譜，完全透過老師口傳心授，我本身其實沒有音樂的專業基礎。十幾年前回來傳承時，里長介紹鍾彩祥老師給我認識，那時我在水妹姊（張水妹）家聊天，她唱傳統山歌很好聽。我們在聊要在社區開課的事，後來就成形了。一開始是讓大家有興趣就來學，但這十幾年很大的問題是通常學四個月就沒人了。那時遇到黃蝶祭讓我們去表演，結束後我跟彩祥老師說我們可能做不下去了，他說就算我沒錢，就算只有兩個人，

鍾兆生
國立高雄師範大學地理學系博士，美濃竹頭背八音團團長，專長為嗩吶，師承美濃客家八音團藝師鍾彩祥及鍾雲輝，目前持續在美濃民間參與客家還神祭典儀式與八音作場活動。

只要我肯學，他也會帶著我做這件事。有些人可能會去採集傳統曲調再拿去編曲，

但我必須要先維持傳統的東西，因為師傳在教我時，也是從傳統的東西開始。我上次在庄頭劇場跟俊名合作，他創作的那首歌，老實說當傳統八音跟現代音樂結合時，給我很大的衝擊，我後來將他們錄製的音樂拿給我的師傳鍾雲輝老師聽，我跟他說我下週要演出了，這可以嗎？他說：「順就好啊！」音樂藝術很難評斷好壞，音樂的推廣不一定是語言的問題，對八音不熟的人

2013年，美濃竹頭背石母宮，鍾彩祥指導鍾兆生學習客家八音。（照片提供／鍾兆生）

也能被強烈的節奏吸引，我們都在嘗試一個向前走的方式。

黃淑玫：我在美濃國中教英文，有時課上到一半會聽到客家八音，孩子會以大笑來表示尷尬，這個音樂在婚喪喜慶、禮俗中會出現，但學生都覺得是喪事時才會聽到的，我覺得八音已經出現斷層，也因為現在辦喜事都會請西樂團。我想推動客家八音復振，但大家都跟我說沒人要學、沒錢、老師年紀太大等。民國95年我被選為「美濃八色鳥協會」的理事長，聽到理事和會員都在聊客家八音、藍衫、客語會失傳，我們就決議在美濃國中創立客家八音團，由美濃八色鳥協會出錢，請林作長老師來教學。當年柯志焰校長說我們剛好要推動「一班一特色」的樂器學習，生祥說只要有一個人傳下去就夠了。有些孩子對學習樂器真的沒興趣，第二學期改成打散分組，就有12個學生留下來，接下來每年社團有20至30個學生。

我發現音樂是一個習慣，因為以前沒聽習慣，所以孩子覺得難聽。一開始邀請「大

夥房藝術團」來演奏很好聽的八音，我們預計一個小時的時間，但是要求他們只先演奏十分鐘，不要讓青少年厭惡；評估現場假如他們能接受就持續演出。第一年聽了3、40分鐘，表示學校有八音團後，他們已聽習慣了。因為客家八音班學生畢業後無處持續學習，美濃八色鳥協會民國98年開設美濃客家八音社區班，當時社區推薦謝宜文老師，他在福安國小當主任，也有成立八音團，我們就接下這個資源，聘請彩祥老師、宜文老師教學。很幸運在募款時旗美高中也加入了，他們提供社區均質化的費用，我們合作解決了鐘點費與樂器的費用。

鍾兆生：過去柑仔老師他們做基礎的八音傳承教育，有幫忙到我，因為我出去作場時，有時會缺樂手。傳統八音四個人就夠了，我團裡有一個打鼓的樂手也是他們帶起來的，他叫潘俊名，退伍回來後在美濃工作，假日又能跟我們去工作。傳統三獻禮中，有一個很精彩的部分叫擊鼓三通，孩子只要會打就很厲害了，是不到十秒的獨奏，要出來作場必須要經過這一關的歷練。現在人很少了，我們必須把握這個機會去民間的廟堂做還神，美濃還有這些禮俗，我們就盡量維持八音。

黃淑玫：要讓孩子出去做場，沒有做場就只是樂器表演，美濃客家八音有十幾種樂器，四個人就能成團引領祭典儀式的進行，這才是傳承。美濃愛鄉協進會與永安庄伯公福廠有一個「入年駕」的儀式，他們每次都放美濃客家八音音樂帶。民國105年剛好是美濃國中客家八音團成立第十年，我就跟伯公說：祢若不保佑這些孩子能去作場，祢就要一直聽錄音帶喔！伯公答應了，我們就帶孩子去現場作場，連報紙都報導「美濃國中客家八音團戰勝錄音帶」。現在美濃國中一週練一次，會演奏的曲目不多，大部分是擔任文化志工，漸漸由美濃客家八音團社區八音班的團員去作場。本來想放棄福廠入年駕儀式的長輩，因為小孩們去幫忙，他們都很開心，所以儀式就慢慢的被留下來了。

劉逸姿：接下來想問年輕人，你們在客庄長大，你們音樂養成的背景是什麼？

唱到自己的母語有一種滿足感

陳俊名：我國小時基本上不會聽客家音樂，我讀東門國小，學校會在許多場合，讓我們唱《野來野去唱生趣》專輯中的歌曲，那是我對客家歌最初的認識。國中時去參加《x+y係幾多》的專輯發表，當下很震撼，客語歌怎麼唱得這麼好聽，歌詞又寫得很好，我那天也在現場聽到了生祥樂隊，才認識林生祥老師。第二年去參加了青少年專輯，從寫歌詞中認識客家字，老師會教我用客語表達，後來很榮幸能參加歌唱的部分，唱到自己的母語有一種滿足感。現在回頭看這些經驗，我偶爾會用客語寫些東西，當時給我的養分都很有幫助。一直到這幾年我還有在表演，這些機會讓我更活躍、更喜歡參加美濃的活動，才

陳俊名

高雄美濃在地青年，現就讀國立屏東科技大學客家文化產業研究所。國高中時期參與由林生祥老師製作的「青少年客語創作專輯」，2016 年在專輯《青春个該兜事》擔任配唱、2018 年在專輯《係毋係觸擺》擔任作詞、配唱，2019 年參與全球客家串流計畫「後生屋下」作詞、作曲、演出，2022 年參與六堆庄頭劇場《八音 Reunion》飾演男主角。

有機會參與庄頭劇場《八音 Reunion》，對我來說是新的里程碑。在我們的生命經驗中，婚喪喜慶都沒聽過八音，這次與兆生老師一起排戲、創作才慢慢認識八音，鍾老師會教我們分辨不同場合用的歌曲，除了認識新的音樂，更讓我認識那些儀式。

2022年，「六堆庄頭劇場——NEXT300，尋找六堆DNA」《八音Reunion》演出。（照片提供／客家委員會）

王宏滕：我從小學二胡，跟俊名一樣，也是比較晚才接觸客家音樂，可能是到大學後回到家，才因為有些表演需要八音類的曲風、類型，接觸到客家八音。講到八音的傳承，我覺得這是蠻大的議題，我自己有在國樂社團教二胡、當指揮，我覺得樂器需要長時間的練習，尤其是像嗩吶、二弦、胡琴類的樂器，相較其他樂器，需要更多時間練習聽感與音準，在教學上這幾種樂器我覺得較難上手，所以在傳承上會有點小阻礙，有時一、兩天沒練，對音感的感覺就會消失。我覺得在傳承上認識音樂背後的文化與背景，跟學好樂器一樣重要。

陳俊名：國小時我們會聽童謠專輯的歌曲，現在我到大學了，有時跟國小同學聊

天，才發現這些歌是我們共同的記憶。無論從小學什麼，都是在學生時期接觸客家、傳統的機會。

劉逸姿：在現代的環境中，我們怎麼看待客家音樂？傳統八音可能有新的曲被創作出來嗎？是否用客語唱歌就能算是客家歌？我們之前會聊到，是否因為客委會的成立，辦了很多的比賽，有些人會為了得名、獎金而寫客家歌，但歌詞並非客語用語，瑋傑怎麼看？

不是非此即彼，最理想的是在其中找到平衡

黃瑋傑：客家音樂要有什麼樣的內容，這是選擇問題，沒有對錯。我的經驗是創作時，我會問自己我寫客家歌，客語對我而言重要嗎？若我寫客家文化，那它的音樂元素是什麼？為了思考這些事，我花了很多時間聽以前流傳的八音和山歌，這是養分的養成，就像兆生說的，他若要學傳統的東西，要有它傳統的樣子。第二是語言，有些人聽得懂客語，歌詞唱完後能被聽懂，這是一種創作的選擇；另一種是用旋律、音樂先行再填詞。沒有對錯，但每個寫歌的人要有意識，到底為何而寫？創作的目的是

黃瑋傑

音樂創作人。從事客家及多種音樂創作，關注及參與許多社會、環境議題，創作核心為關懷人與土地細微之聲，期望透過音樂將許多真實故事帶到更遠、更多地方。曾參與紀錄片、動畫、劇場等跨界音樂合作，作品曾數度入圍金曲獎最佳客語專輯，並獲金音獎最佳民謠單曲獎。

什麼？對象是誰？但也不是非此即彼，最理想的是在這兩種方法中找到平衡，要讓

年輕人想聽，只是怎麼在傳統跟流行間找到吸引力。

劉逸姿：我想請教兆生哥，八音跟國樂間是否會互相影響？客委會也會辦八音比賽，八音是否變成一種表演的音樂，而沒進到我們的生活？

要學傳統的東西就要先理解何謂傳統

鍾兆生：初學時老一輩會教我們，要學傳統的東西就要先理解何謂傳統，譬如你們聽到嗩吶的聲音，能否辨識這是不是美濃的嗩吶？老一輩都聽得出來，我在研究原因，是旋律還是音色？所以我在臨摹時，我很清楚知道我學了之後，如果地方上的人覺得這不是，學了也沒意義。彩祥老師是拉二弦的，我起初也是拉胡弦，只是後來沒人能吹嗩吶了，我就回去找鍾雲輝老師，他吹嗩吶 60 幾年了，他會吹奏給我聽，我去揣摩，經過他的調整，音慢慢就會像了。

六堆有好幾個派系：內埔、萬巒、美濃、高樹，我只能維持我這派的東西。我們練八音沒譜，只能靠師傅口傳，傳統就是在學這個，例如師傅問我要吹什麼調，我們說的就是曲名，如〈二八佳人〉，這裡說的並不是西樂的調性。這東西不容易讓孩子理解，所以我要帶他們去看現場。很多人會要求我錄音，直接擷取後再混進歌曲裡，這樣很不好。每個人都要傳統跟現代結合，但傳統不是只有那一點點東西，音樂賦予在儀式上時是有涵意的，回到創作的詞曲時才有故事性，庄裡的人聽得懂，他們也才能解釋。我們傳統音樂不見得沒有新的東西，我無法跟我的師傅吹得一模一樣，不一定做得到，每個人都有個人風格，我們會有骨架，老師跟我說這些東西要經過「生人口」，也就是口傳心授，我覺得這很奧妙，在傳統客家社會中，他們可以這麼做，現在環境可能不允許，但我覺得我慢慢的理解了。

王宏滕：客家音樂最重要的還是客語和音樂元素、曲風，現在較多的客家創作都是這個方向。

陳俊名：我覺得客語歌詞的美很重要，但最吸引我注意的反而不是客語，是音樂本身。我大學很多朋友聽不懂客語，但他們很喜歡神棍樂團，都會唱〈九號公路〉這首歌，重要的是音樂做得讓人想聽，所以我覺得客家音樂的元素，不能一直執著於客語，要用音樂風格的角度去看。

王宏滕

現就讀國立屏東科技大學客家文化產業研究所。曾任高雄市立國樂團附設青少年國樂團二胡演奏員、寶島時代村演藝部。現為高雄高工國樂社指導老師、雙鵬樂團副團長、馥潤雅集樂團團長、夢岸樂團主唱。

邱靜慧：剛剛兆生說他盡量保留傳統的東西，宏滕也提到創作時，要回去聽傳統的東西，但在接觸傳統時是否有遇到困難？兆生也提到臨界點的問題，接觸的東西不夠多時創作會停留，這次《八音 Reunion》有傳統與創新的對話，俊名怎麼看？另外瀕危的東西怎麼保留，讓未來在創作時有多樣化與對話存在？

鍾兆生：這十幾年來，我在儀式現場做了很多紀錄，我知道這些老人家一定會退休，我就先錄下來，現在有空時能看一些細節。另外，天鵝唱片過去錄高屏地區的八音，也能提供給正在創作的現代音樂人做參考，國立傳統藝術中心在民國91年有出版整套，他們錄的八音也有採譜，我以傳統的角度看，這些譜有需要調整，不能完全照譜，裡面收集很多老師傅的有聲資料，我就一首一首聽，把差異寫下來。

陳俊名：做《八音Reunion》時，對我們來說都是第一次嘗試，起初磨合時發生很多問題，中間調整很多次，但戲做完、歌也唱完後，回過頭檢討，我發現我們在做這首歌時，還是從現代音樂的想法出發，應該要像鍾老師說的，新舊要結合，該先了解舊的東西，慢慢才知道這後面有很多故事，有被賦予的意義。

王宏勝：我一開始會看客台，或有些影片有八音的紀錄，後來我換了方式，我去看紀錄片，以及在路邊錄的影片，會發現兩個東西有不同的感覺，特別錄製的跟現場的會有些微的不同。起初是我先寫好流行編曲，再把八音的旋律填進去，後來我反過來做，變成我去擷取八音的旋律，幫它配上和弦，再更變我的旋律，我覺得後者更有味道。

劉逸姿：目前在客庄，從中學到幼兒教育，是否在「音樂素養」相關的課程中，能提供豐富的、各類型的客家音樂的接觸機會？音樂創作者和社區音樂教育者，認為要讓客家音樂，編入學校正式課程來傳達客家音樂素養，還是想辦法吸引學子在校外的社區活動中學習更好？

不能被語言束縛，還是要在創作的角度來傳達情感

黃鴻松：現在的課本叫藝術與人文，把美術與音樂放一起，一個年級一學期能接觸到的歌曲只有一點點，若還要將客家音樂放進來，比例又更少，各家出版社可能是版權問題，他們大部分還是用傳統的音樂。此外正規的音樂老師不一定是客家人，可能就放錄音帶，此時社區就扮演很重要的角色。現在每週有一堂本土語言課，許多客語老師會把客家音樂放進課程。最重要的是要有足夠的素材，現在客語這麼弱勢，不一定要給傳統的東西，可以豐富、多元一點。

黃淑玫：美濃國中一週有兩節社團課，我們就能開多一點客家相關課程，如八音團、客家合唱團、客語童軍社等，對音樂有興趣的人能進這個社團，克服學習時間不夠的問題。一節音樂課要學的東西很多樣，老師不是客家人，又有進度壓力，要融入又要有相關素養。我們校內有客發會，會針對本土語討論、開會，能藉此聘請外部的老師來上課，請音樂老師從旁協助。學校有「客語生活學校補助」，我們能用這個經費將客家音樂融入社團教學。學校點起火苗，鼓勵孩子到社區班學習，我認為這是長久之計。

黃鴻松

自認為「臺客」，現為龍肚國小教務主任。基於對客家的熱愛與責任，是第一線的客語教學者，也是相關計畫組織的領導者；在學校推展接地氣的「食農教育」課程，帶領孩子與土地互動對話。

黃瑋傑：華語歌曲通常不會被嚴格檢視「是否能聽懂」，身為客家音樂創作者，我覺得這個標準有點太嚴格，希望能放過客家音樂，大家會去聽華語歌的編曲、鋪陳，是否能用相同的標準看客家音樂？會有更多可能性。

鍾兆生：學校推動不見得能做到這麼多事。我是會跟校長說，我有在做這件事，若學校有需要，我可以教學或演出，讓他們了解也好，不是強迫傳承。在學校還是社區教？以職業的角度，要讓他們學了之後，有機會能走下去，而不只是興趣。社區有活動中心在推這些東西，看到就能來學，社區能做好這個角色。

陳俊名：學校若教太多，學生會厭煩，若還要算成績，大家會更畏懼。就讓有興趣的學生能在校外有學習的機會，學校能協助宣傳這些活動。我是聽了瑋傑唱華語歌，才發現原來身為客家音樂創作者，不能被語言束縛，還是要在創作的角度來傳達情感。

王宏勝：我覺得客家音樂可能有兩個方向：推廣、教育。先推廣讓大家知道這個文化後，有興趣的人再學習。

劉逸姿：謝謝大家的參與！客家音樂教育遇到很多困難，我們也從中看到希望的種子種在社區之中。

 延伸
閱讀

《青少年客語創作專輯》

高雄客庄學子及多名客籍歌手共同譜寫、演唱，由山下民謠有限公司製作，高雄市政府客家事務委員會陸續發行的青少年客語創作專輯。目前發行的有 2015 年具現代感的《x+y係幾多》、2016 年描寫青春校園故事的《青春个該兜事》以及 2018 年融合閩南、新住民等不同族群風貌的《係毋係孿攏》。每張專輯不僅收錄了由青少年參與創作及演唱的多元曲風歌曲，隨著逐年合作人及題材更為多元，交織出別具創新、更具故事性的另類客家音樂。如專輯《青春个該兜事》中拷秋勤樂團製作的〈永遠的八音〉將客家八音融進嘻哈曲風；又如專輯《係毋係孿攏》收錄的〈妹珠〉，描述飄洋過海遠嫁美濃的新住民媽媽，教孩子母語的經歷，為客家音樂注入永續的活力與生命力。

「參詳・當代客家文藝沙龍」
參與人員名錄

計畫主持：封德屏
總　策　展：鍾永豐

歷史
召集人：張維安
與談人：王保鍵　吳學明　李文良　李沅臻　林正慧　張秀雲　張翰璧　許維德
　　　　陳鐶枚　森下啟慈　黃玉晴　黃脩閔　劉瑞超　戴寶村　羅烈師

語言
召集人：洪馨蘭
與談人：古秀妃　向盛言　吳錦勳　宋廷棟　李舒蓉　周碩興　張正揚　黃泳玲
　　　　黃脩閔　廖重凱　劉家宏　劉慧真　蔣絜安　盧冠霖　賴奕守　鍾鎮城

文學
召集人：朱宥勳
與談人：王欣瑜　王惠珍　甘耀明　白佳琳　李奕樵　張簡敏希　陳凱琳　廖育辰
　　　　劉抒苑　蔡濟民　鄭清鴻　簡弘毅　顏　訥

音樂
召集人：葉雲平
與談人：Yappy　王喬尹　王鍾惟　米　莎　邱丹霓　柔　米　陳瑋儒　彭柏邑
　　　　黃子軒　黃稚嘉　葉　穎　賴予喬　戴　陽　蘇通達

戲劇
召集人：鍾　喬
與談人：吳文翠　吳榮順　李哲宇　李榮豐　汪俊彥　林乃文　林舜龍　林曉英
　　　　徐亞湘　符宏征　許仁豪　彭雅玲　劉逸姿　羅元鴻

影劇
召集人：湯昇榮
與談人：王傳宗　吳宗叡　李　杏　李　鼎　林宏杰　徐彥萍　張晉榮　許安植
　　　　溫昇豪　童毅軍　黃桂慧　溫吉興　鄒隆娜

美學
召集人：張典婉
與談人：古正君　吳漢中　阮慶岳　姚其中　徐彩雲　徐景亭　翁美珍　張秀雲
　　　　郭南駿　陳美禎　陳勤忠　陳達明　彭弘智　彭永翔　溫金紅　廖偉立
　　　　鄧淑慧　謝英俊　謝淑靖　鍾仁嫻　羅文祥　羅仕龍

飲食
召集人：古碧玲
與談人：王虹雅　吳　鳴　佐　京　李慧宜　邱聿涵　夏惠汶　郭忠豪　張維翰
　　　　陳淑華　曾齡儀　黃森松　黃湘絨　黃鑫沛　楊昭景　葉國居　劉懿梅
　　　　鍾怡彥　蘇量義

客庄創生（新竹）
召集人：邱星崴
與談人：吳　界　林　辰　邱盈滋　邱靜慧　陳建成　陳祺忠　黃文詣　楊有騰
　　　　葉日嘉　葉明政　廖文琪　劉　奕　蔡濟民　鄧君婷　羅　傑

客庄創生（高雄）
召集人：邱靜慧
與談人：王宏滕　吳宗憲　吳雲天　李佳穎　李慧宜　林瑞晉　邱星崴　邱適珩
　　　　徐孝晴　徐銘謙　涂裕苓　張卉君　陳俊名　曾鼎凱　黃仕傑　黃淑玫
　　　　黃瑋傑　黃鴻松　楊易玲　劉逸姿　鍾兆生　羅功奇

思辯場
召集人：吳德亮
與談人：古亦平　吳孟純　翁國珍　彭信鈞　黃正敏

召集人：張芳慈
與談人：瓦歷斯‧諾幹　向　陽　洪淑苓　楊佳嫻　顏艾琳
　　　　梁秀眉　陳玠安　廖偉棠　蔡宏賢　鄭硯允

召集人：高翊峰
與談人：王聰威　甘耀明　朱和之　吳懷晨　謝旺霖

召集人：羅思容
與談人：邱豐榮　徐堰鈴　郭玫芬　劉慧真　鴻　鴻

召集人：鍾秀梅
與談人：米　莎　張卉君　張郅忻　劉崇鳳　鍾舜文

國家圖書館出版品預行編目（CIP）資料

湊陣：有千百種實踐的可能/游文宓，張平，廖彥筑
陳佳謙執行編輯. -- 初版. -- 新北市：客家委員會
2022.12

　　面；　公分

ISBN 978-626-7242-05-6(平裝)

1.CST: 客家 2.CST: 文化 3.CST: 臺灣
536.211　　　　　　　　　　　　　111018633

「參詳‧當代客家文藝沙龍」出版書籍

湊陣：有千百種實踐的可能

發 行 人／ 楊長鎮
出版單位／ 客家委員會
　　　　　 地址／新北市新莊區中平路439號北棟18樓
　　　　　 電話／02-89956988
　　　　　 網址／https://www.hakka.gov.tw
總 督 導／ 鍾孔炤
行政策劃／ 廖美玲　黃綠琬　劉慧萍　周彥瑜　吳侃庭　葉映孜　劉子瑄
執行團隊／ 財團法人台灣文學發展基金會
計畫主持／ 封德屏
總 策 展／ 鍾永豐
顧　　問／ 古碧玲　甘耀明　吳德亮　高翊峰　張芳慈　鍾　喬　鍾適芳　羅思容
執行編輯／ 游文宓　張　平　廖彥筑　陳佳謙
校　　對／ 封德屏　杜秀卿　游文宓　張　平　廖彥筑　陳佳謙

編印發行／ 文訊雜誌社
　　　　　 地址／臺北市中正區中山南路11號B2
　　　　　 電話／02-23433142
　　　　　 發行業務／高玉龍
　　　　　 電子信箱／wenhsunmag@gmail.com
　　　　　 郵政劃撥／12106756 文訊雜誌社

美術設計／ 蔡南昇
印　　刷／ 松霖彩色印刷事業有限公司

出版日期／ 2022 年 12 月
版　　次／ 初版一刷
定　　價／ 新台幣 380 元
ISBN 978-626-7242-05-6
GPN 1011101991